Víctor Leni Cordero nació en Chile. Es director teatral, actor, docente, tarólogo e investigador escénico. Licenciado en dirección escénica de la UNA en Buenos Aires, es actor profesional de la academia Club de Teatro de Santiago de Chile. Su trabajo mixtura el arte con la magia evolutiva del tarot. Es director de Escuela Lesoleil de tarología y arte teatral. *Tiempo de Tarot* es su espectáculo de canalización colectiva con presentaciones en Buenos Aires y Santiago de Chile. Comparte contenido en su cuenta de Instagram @victorlenitarologia.

Tarot genealógico

Cómo leer las trampas y los tesoros transgeneracionales y enmendar las heridas de nuestro clan familiar

Víctor Leni Cordero

Traducción de Manuel Viciano Delibano

El papel utilizado para la impresión de este libro ha sido fabricado a partir de madera procedente de bosques y plantaciones gestionadas con los más altos estándares ambientales, garantizando una explotación de los recursos sostenible con el medio ambiente y beneficiosa para las personas.

Tarot genealógico
Cómo leer las trampas y los tesoros transgeneracionales y enmendar las heridas de nuestro clan familiar

Primera edición en México en Debolsillo: diciembre, 2024

penguinlibros.com

Diseño de interior: Ana Belén Agüero
Ilustraciones: María Victoria Regner
Diseño de portada: Penguin Random House / Agustín Ceretti

ISBN: 978-607-385-238-8

Impreso en México – *Printed in Mexico*

A mi mamá y a mi abuela y a todas
las Cordero por regalarme arte y fuerza

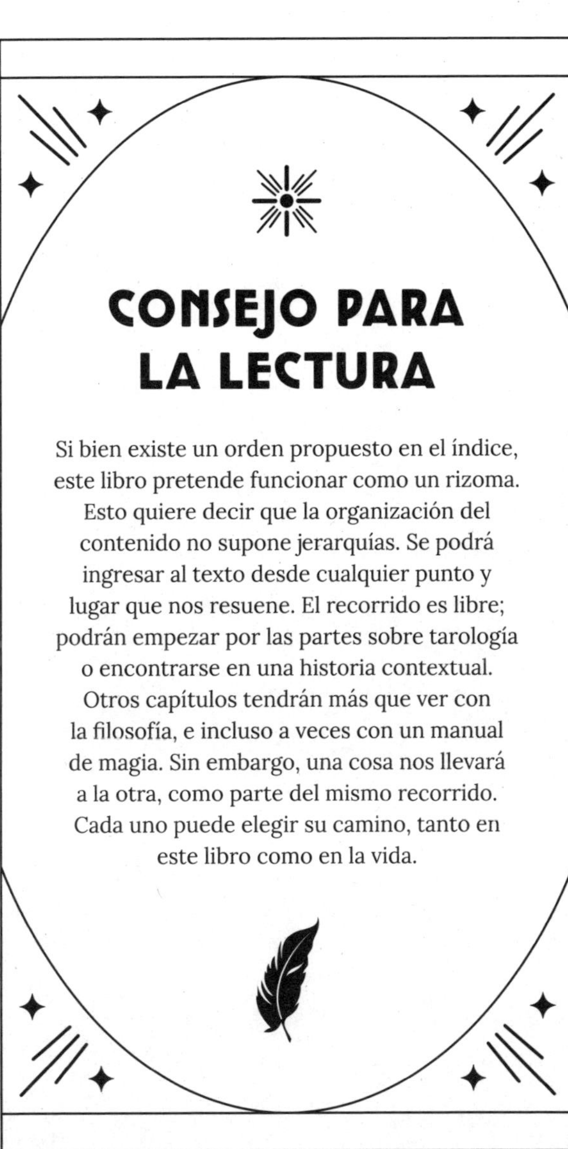

CONSEJO PARA LA LECTURA

Si bien existe un orden propuesto en el índice, este libro pretende funcionar como un rizoma. Esto quiere decir que la organización del contenido no supone jerarquías. Se podrá ingresar al texto desde cualquier punto y lugar que nos resuene. El recorrido es libre; podrán empezar por las partes sobre tarología o encontrarse en una historia contextual. Otros capítulos tendrán más que ver con la filosofía, e incluso a veces con un manual de magia. Sin embargo, una cosa nos llevará a la otra, como parte del mismo recorrido. Cada uno puede elegir su camino, tanto en este libro como en la vida.

ÍNDICE

PRIMERA PARTE
EL TAROT & SU MAGIA

SEGUNDA PARTE
EL INCONSCIENTE DEL CLAN FAMILIAR

TERCERA PARTE
TAROT & GENEALOGÍA

CUARTA PARTE
PEQUEÑO MANUAL DEL TAROT EVOLUTIVO

QUINTA PARTE
RITUALIDAD & TAROT

• • •

INTRODUCCIÓN

La idea de acercar a los lectores el contenido de este libro surge de un llamado a mi corazón. Era el momento de organizar un material que pudiera contribuir a un colectivo de lectores y lectoras con avidez y curiosidad sobre el autoconocimiento con el juego del Tarot. Son nuestros niños y nuestras niñas interiores los que piden desde lo profundo que no olvidemos nuestra magia sagrada, ese espacio que el Tarot como espejo devuelve tan certero y sutil.

El Tarot nos muestra el inconsciente, las sombras que pujan para dejar de ser sombras y devenir en claridad. Pero han sido años de desconexión con las fuentes, pues eran vistas con prejuicio. Sin embargo, hoy el cambio de Era se percibe y nos toca hacernos cargo de una transformación integral que va desde los aspectos personales hasta los colectivos que son indisolubles.

Se percibe en el aire el interés de conectar con herramientas que nos ayuden a resonar con nuestra esencia. El mundo y sus certidumbres se están desarmando frente a nuestros ojos, y es ahí donde nuestra mente y sus anacrónicos sistemas de creencias ya no tienen las respuestas. Es necesario encontrarnos y vincularnos con nosotros mismos desde otras prácticas y otros saberes. Yo aprendí que leer el Tarot es un acto ritual que, vinculado con la noción de inconsciente familiar, puede abrir a nuestro campo consciente décadas de información acallada, permitiéndonos resonar nuestra alma con el universo simbólico. Esas resonancias, al hacerse conscientes, nos conducen a liberarnos de nuestros condicionamientos, patrones y límites para devenir creadores de nuestra vida.

El árbol genealógico es un sistema lleno de información inconsciente y al comenzar a jugar con el Tarot y sus contenidos nos brinda una poderosa herramienta de autorrealización.

Sin la solemnidad de otras herramientas, el Tarot nos devuelve puentes hacia nuestra alma, hacia nuestra sabiduría, pues cada uno de nosotros puede conectar con esa parte esencial para nutrir y evolucionar en todos los planos adonde accedan nuestra atención y voluntad.

La divinidad, aunque no seamos conscientes, se manifiesta en los símbolos de lo cotidiano; aprender a verlos y hacer de ellos algo accesible para evolucionar se vuelve elemental, un cambio de perspectiva al vivir. Y para ello el Tarot nos invita a volver a mirar en profundidad el milagro que se manifiesta constantemente ante nosotros.

En este viaje desconocido y vertiginoso, muchas veces podemos sentir que no disponemos de las herramientas para avanzar, pero todos las tenemos en el instante en que decidimos ampliar la mirada de la supuesta realidad, o al menos repensar lo que creemos que es la realidad para renovarnos a través de nuestro vínculo con el lenguaje simbólico. El Tarot es pura poesía, su fuerza y precisión nos permiten construir y conectar con nuestro espacio sagrado, al tiempo que espeja nuestra forma de ver el mundo y, por ende, nuestra manera de crearlo.

> EL TAROT CAMBIÓ MI VIDA, Y ESTOY SEGURO DE QUE CAMBIA TODAS LAS VIDAS QUE SE VINCULAN CON ÉL. ES UNA HERRAMIENTA TAN PRECISA COMO MÁGICA.

Nadie es indiferente a su fuerza, y utilizado al servicio de la toma de conciencia y el autoconocimiento, trasciende las fronteras de lo que pensábamos como límite. El Tarot nos revela que los límites siempre están en nuestra mente y que los sistemas genealógicos siempre están movidos por el amor.

Este libro está escrito para ser disfrutado y ofrece la posibilidad de funcionar como un mapa de ruta hacia las profundidades. Iniciaremos el viaje hacia el inconsciente familiar a través del Tarot, sin solemnidad, y mientras nos desnudamos con nosotros mismos.

Para eso, primero abriré una puerta a mi experiencia personal y genealógica, luego descubriremos con qué tiene que ver el Tarot como herramienta evolutiva y cuál es su enfoque, para seguir con todo el universo del inconsciente genealógico con sus tesoros y sus trampas.

Luego, conectaremos el Tarot con el universo del árbol genealógico, paseando por cada uno de los arcanos mayores para, desde ellos, desplegar resonancias e intuiciones que puedan servir para nuestras búsquedas personales. Terminaremos el viaje con juegos y ritos que desde lo empírico pretenden traducir a la acción estas ideas.

Los invito a descubrir sus propias resonancias, para que la lectura de este material pueda ser ante todo una herramienta de utilidad en sus procesos evolutivos.

Tengan a mano un cuaderno de notas al realizar este recorrido, ya que a lo largo del viaje hallarán ejercicios, preguntas y sugerencias para que en la lectura encuentren su propia voz.

EL INICIO DEL CAMINO: NUESTRO NIÑO INTERIOR

EL PÁJARO ROMPE EL CASCARÓN. EL CASCARÓN ES EL MUNDO. QUIEN QUIERA NACER, TIENE QUE DESTRUIR UN MUNDO.

HERMANN HESSE

En el Tarot, el encargado de comenzar el camino es El Mago, el niño del Tarot y también nuestro niño interior. Él es el iniciado, el que tiene herramientas a su disposición capaces de crear realidades y mundos. En su universo no existe un don especial ni ningún secreto escondido, todo está al alcance de su mano para accionar y mover las energías. Interviene la materialidad de las cosas, y es la metáfora de la entrada en la vida concreta para hacer uso de esas herramientas. Nada parece imposible dentro de su realidad: todo niño tiene una vida llena de posibilidades por delante.

Iniciar, realmente, es abrir una oportunidad a lo imposible con la confianza de que podemos realizarnos en algo que no sabemos exactamente de qué se trata, pero que irrumpe como nueva realidad y queremos investigarlo, vivirlo, crearlo.

La magia del Mago radica en su accionar genuino, verdadero. Nos enseña que el sagrado hacer es la legítima condición de la magia. Todos nosotros somos potencialmente creadores y, por ende, magos. Basta con cerrar los ojos y recordar a nuestro niño interno jugando a la magia de crear, sabiendo que nada es imposible.

La vida y sus acontecimientos son misteriosos; aprender a vivir con lo que no se puede controlar ni saber es vital y necesario. Es una forma de fluir. El caos, muchas veces, es la única alternativa que existe para que se dé una nueva organización. Eso forma parte de la experiencia, de aprender en movimiento y fluir con el río de la vida. Igualmente, nuestro niño lo sabe, ama el caos y la magia. En el presente, solo necesita jugar, experimentar sin juicios y soñar que todo es posible.

La vida adulta nos va quitando fluidez, más aún si nos desconectamos de nuestra fuente esencial. Muchas veces nos encontramos sin saber muy bien cómo accionar y nos preguntamos qué tenemos a disposición para avanzar o cuáles son nuestras herramientas para un primer paso.

En lo personal, después de haber estado muchas veces estancado por completo, más temprano o más tarde me he dado cuenta, por mi propia consciencia, de que algo siempre he tenido a la mano para empezar y entrar en el flujo de la vida nuevamente. Una forma de volver al juego de la vida, que es puro movimiento, una danza.

Parte de la magia radica en aprender a mirar, a ser conscientes de los signos que hay en el entorno. Es por eso que el Mago no percibe a primera vista los objetos que tiene sobre la mesa (tal vez a segunda vista, o a la tercera), sino hasta que su necesidad es tal que se da cuenta de que tiene todo ahí, a la mano. Parece tan simple, y en parte lo es, porque la polaridad de lo simple es justamente lo que se percibe como complejo. Es por eso que acceder a lo simple muchas veces se vuelve una experiencia paradójicamente compleja. Implica un trabajo. Pues el paso del tiempo muchas veces catapulta nuestro niño esencial, y perdemos nuestra magia intrínseca. Estar arrojados a este mundo misterioso nos interpela constantemente; sin embargo, nuestra intensidad da cuenta de que la vida se mueve a través de nosotros.

Los padres del Mago lo ayudaron a creer y a obrar por sí mismo, dándole a entender que todo era posible o, por el contrario, puede ocurrir que esos padres hayan depositado sobre el niño sus propias frustraciones y visiones limitantes. Suele suceder que El Mago (o el niño) no conoce del todo a sus padres, pero eso no significa que no posea memorias de la vida de sus ancestros. Algunas teorías dicen que el alma elige dónde encarnar, en qué familia. Aunque su lógica es un misterio, podríamos pensar que nacemos en el seno de un clan que nos mueve hacia la evolución y la maestría. A veces desde el amor y a veces desde el desamor.

Accionar es la vía útil cuando los misterios de la existencia nos sobrepasan. Para entrar en el plano de la acción hay que abrir la mirada hacia lo que tenemos a la mano, e identificar los elementos para conjurar una alquimia o una magia.

Un truco no es magia sino un artilugio realizado para generar una impresión en el afuera. A la magia, en cambio, no le importa impresionar; más bien busca un gesto, una acción que surja desde una fuente de inspiración y verdad propia. La magia real se conecta con una profundidad devenida en acontecimiento. Todos podemos hacer magia; cada uno tiene sus propias herramientas genuinas. Parte de nuestro trabajo es hacernos conscientes de esas herramientas.

Ahora bien, una vez que somos conscientes, ¿qué hacemos con lo que nos es dado?

EL MAGO NOS RECUERDA QUE LA CLAVE SIEMPRE ESTÁ EN EL ORIGEN; AHÍ ESTÁ ESE NIÑO INTERIOR PIDIENDO ESCUCHA.

Ahí radica nuestro universo mítico personal, nuestra magia onírica, nuestras certidumbres inconscientes que saben guiarse por las fuerzas evolutivas, porque a pesar de que no sepamos exactamente qué son o no podamos ponerlas en palabras, intuimos que algo perfecto está ocurriendo todo el tiempo.

También, como parte de su tesoro, ese niño interior está en contacto con sus propias vulnerabilidades. Por ende, también está en contacto con su esencia y su magia personal.

Integrar nuestra vulnerabilidad se vuelve fundamental; muchas veces se trata de volver a tocar la herida porque, en ese estado, habitualmente nos cuesta aceptar que se encuentra una perla en bruto. Podríamos pensar que esa fragilidad original nos pide constantemente escucha y aceptación para impulsar cualquier tipo de desarrollo o proceso evolutivo.

Nuestra vulnerabilidad es el punto de conexión con nuestras fortalezas. Si perdemos el miedo a lo que nunca sabremos y aceptamos que en sí mismo vivir es un abismo, tal vez esa herida intrínseca que todos tenemos nos puede ayudar a ser conscientes de que necesitamos buscar herramientas de autoconocimiento, sobre todo para integrar y abrazar las zonas más negadas y oscurecidas por la cultura, la sociedad y las lealtades de la familia.

Empezar el camino hacia la transformación es una invitación a vivir lo más cercano al flujo de la vida, conscientes de las herramientas con que contamos en el continuo presente. Después de todo, el presente es la única ancla que tenemos en la realidad.

MI COMIENZO

LA COSA MÁS ATERRADORA ES ACEPTARSE
A SÍ MISMO POR COMPLETO.

CARL JUNG

La primera vez que tuve un mazo de Tarot en mis manos fue a los catorce años. Le había pedido con total inocencia a Paky, mi abuela materna, que me regalara un Tarot de Marsella. Si bien ella no leía el Tarot, estaba familiarizada con él y así lo hizo. Paky avalaba todo lo que estuviera en contacto con el conocimiento; ella prefería verme concentrado en las cartas antes que hipnotizado por la televisión.

Me sentía profundamente atrapado por el Tarot, por lo que me generaban sus imágenes. Estaba seguro de que ahí había una fuerza enorme, algo que merecía atención y estudio. Mi intención nunca fue adivinar sino traducir, intentar entender qué me querían decir esas imágenes. Nunca dudé de que me decían cosas, pero pasaron muchos años antes de que realmente empezara a entender por dónde me llevaría esta herramienta. Tal vez, tenía nociones que me conectaban con cuestiones que me daban miedo de mí mismo o de las cosas que vivía. Por esa misma razón avancé despacio y con cierto respeto.

Mis padres rompieron como pareja antes de que yo cumpliera un año, y luego rearmaron su vida con otras personas. Fue en ese momento cuando quedé bajo la tutela de mi abuela.

Ella se llamaba Francisca Cordero, aunque siempre le dijimos Paky. Era hija de Jorge, un cubano que llegó en 1925 al puerto de Valparaíso, donde vivió hasta que fue misteriosamente asesinado cuando mi abuela tenía apenas cuatro años.

Su madre, o sea mi bisabuela Elsa, tuvo que salir adelante sola, con su duelo eterno en el corazón. Elsa era maestra de escuela. Dicen que era una mujer de carácter fuerte y mucho ímpetu, que llegó a ser directora de escuela al interceptar al mismísimo ministro de Educación en un acto público para contarle su trágica historia. Dicen que cuando los amigos llevaron muerto a mi bisabuelo a la casa con la excusa de que en una tarde de cacería se había disparado con la escopeta, ella nunca les creyó y recurrió a una médium para que el espíritu de su marido le confesara cómo había muerto; la médium, sin embargo, tradujo que sería mejor no investigar y quedarse con la certeza de que nunca le faltaría nada. Eran épocas donde ser viuda y criar a una niña significaba estar expuesta al contexto masculino. Eran mujeres fuertes las que vivían en los cerros de Valparaíso allá por los años cuarenta. El futuro marido de Paky, al igual que su padre asesinado llamado Jorge, fue un arquitecto según dicen muy seductor y progresista que se enamoró de mi abuela. Era un profesional que de alguna manera conquistó primero a mi bisabuela Elsa. Ella vio en él un buen futuro para su hija y así fue como se arregló el matrimonio. Antes era distinto, no sé hasta qué punto las mujeres podían realmente elegir con quién estar. Me atrevo a sostener que la mayoría de nuestras abuelas y bisabuelas fueron forzadas a decidir y a intimar, mientras que los hombres estaban movidos por la construcción de sus imperios familiares como forma de reproducir el apellido y el linaje.

En esa época la violación y los abusos a las mujeres estaban de cierta forma naturalizados. Mis abuelos, por ejemplo, tuvieron tres hijos, con una diferencia de un año entre cada uno. Esto quiere decir que el cuerpo de mi abuela, consciente o inconscientemente, funcionó como una fábrica de dar vida, sin descanso durante cinco años. Siempre me pregunto si las mujeres elegían ser madres o se preparaban para transitarlo como parte de lo que tocaba vivir.

Se separaron cuando mi abuelo Jorge traicionó a mi abuela, se enamoró de la mujer que trabajaba en su casa y, de la noche a la mañana, se fue con ella a armar otra familia. Mi abuela nunca superó la traición y el dolor; sin embargo, quedó nuevamente libre de la supremacía masculina, igual que mi bisabuela Elsa. Algo de la historia se repetía. Desde ese día, cuando se refería a mi abuelo ella le decía por su nombre y apellido: Jorge Bravo. Cada vez que la escuchaba decirlo sentía que había quedado algo pendiente entre ellos, un nudo que nunca se desanudó en la garganta de mi abuela.

Cuando yo nací, Paky ya era libre; tenía amantes y no los ocultaba. Usaba prendas coloridas, cantaba canciones. Sus tejidos y su lana eran procesos mágicos. Recuerdo sus telenovelas, su auto pequeño y viejo que manejaba con audacia por la ciudad y por la carretera para ir todos los años, durante tres meses, al hermoso mar de Quintero. Para mí, mi abuela era una artista de la vida. Siempre me inspiró una fuerte admiración y un profundo respeto.

Estar con ella era vivir en el amor. Desde pequeño aprendí de la belleza y la vida que emanaba, sus historias, sus fotografías, sus amigas y amigos, su actitud activa y alegre. Pero, sobre todo, sus mimos y caricias, a pesar de que al mismo tiempo era una capricorniana exigente.

Solíamos pasar los meses de verano en su cabaña de Quintero, en Chile, al borde de un acantilado. Recuerdo, en ese tiempo, la lectura de libros y de cartas de Tarot, conectado con la inmensidad del mar y con las rocas enormes sobre las que rompían las olas. Eran los comienzos de los años noventa.

Desde que nací, por alguna razón, tomó el rol de madre. A pesar de tener a mi mamá biológica, Carolina, su hija, hoy puedo comprender que mi abuela trasladó su necesidad y deseo de ser madre sobre mí tras perder a su último hijo, Francisco, que murió exactamente diez años antes de mi nacimiento. En definitiva, tuve dos mamás. Ambas eran distintas. A mi mamá Carolina la recuerdo dulce, inocente y delicada. A mi abuela-mamá, expresiva, creativa y severa, muy cubana en su estilo. Pero como mi mamá me dejó unos años en la casa de Paky cuando conoció a su nueva pareja, ella pasó a ser parte del paraíso de mi niño interior. Era una persona sabia y fuerte ante mis ojos. La veía mujer y a mi mamá, más niña.

Viví con mi abuela hasta los seis años. Un día llegó mi madre con su segundo marido a "recuperarme": habían tenido un hijo y querían que yo fuera parte de su construcción familiar. Recuerdo esa discusión: mi abuela no quería desaferrarse y yo no quería soltarla. Sin embargo, armaron mi bolso y me mudaron a la nueva casa de mi madre. Allí empezó una nueva vida, cargada de horror y poesía; de horror porque mi padrastro era extremadamente violento e irracional. Si bien ya lo perdoné, durante mi infancia y mi adolescencia dentro de mí convivió una mezcla de miedo y profundo rencor. Mi madre había elegido, desde una necesidad de protección, a un hombre veinte años mayor que ella, y vivimos bajo su estricta y violenta forma de actuar y comunicarse durante muchos años. El polo opuesto a la violencia, para mí, fueron la poesía y la magia, mis escritos, mi mundo interior, mis sueños, los bailes en secreto y las visitas semanales de mi abuela. Todo esto lograba oxigenar mi incomprensión rabiosa, que cada año crecía más y más. A mi mamá la seguía percibiendo dulce al tiempo que frágil, inocente como una niña que también era violentada.

Mi padre biológico siempre fue un hombre ausente; su depresión endógena, junto con el terror del contexto militar de finales de los años setenta, lo vulneraron al punto de que intentó suicidarse. Fue rescatado por mi abuelo paterno cuando ya estaba colgado en el baño.

Con los años pude comprender quiénes son mis padres; los pude ver de forma más amplia, no desde el niño sino desde el adulto. Hoy los amo profundamente y los honro a pesar de que, en varias ocasiones, tuve que ser más comprensivo con ellos de lo que ellos fueron conmigo.

Desde la óptica del niño cuesta perdonar, porque el niño de alguna manera se queda esperando que los adultos lo respalden, lo guíen y lo cuiden. Pero cuando eso no está, lo que nos resta como adultos es hacernos cargo de nuestro propio niño interior y, desde una adultez consciente y creativa, poder guiar la inocencia del niño hacia su propósito. Así dejamos el estancamiento o el accionar desde la carencia, y de paso dejamos de pedir al mundo que alguien se haga cargo de nosotros. O peor aún, a veces seguimos esperando que papá y mamá vengan a hacer lo que en su momento ya no ocurrió. Y seguramente nunca ocurrirá.

Mi abuela Paky murió de cáncer cuando yo tenía diecisiete años. Fue el día más devastador de mi vida, sentí que todo se moría a mi alrededor y se iba la luz que me guiaba. Quedaba solo en el mundo, pero la muerte dio paso a mi verdadero comienzo.

Hasta los veinticuatro viví en una profunda depresión. Desde la muerte de Paky, todos los días despertaba con un peso en el pecho, duro como una roca. Con el tiempo tuve que salir de la victimización y comprender cómo esa emoción restringía las manifestaciones de mi ser y que, en un momento dado, ya no podía seguir responsabilizando al afuera, a la muerte o al abandono de mis padres por no sentirme pleno y alegre. Con el tiempo pude dimensionar todo mi contexto desde un lugar más amplio. Empecé a entender que lo personal tiene un sentido contextual y colectivo, y nada de lo que percibimos como drama personal es más importante que el drama colectivo; muchas veces es parte de un fino tejido vincular. Y, sobre todo, entendí que el drama también es una elección, es una forma de vivenciar los acontecimientos. Incluso a través de las heridas construimos nuestra identidad, por eso nos cuesta dejarlas, porque las hacemos parte de lo que conocemos de nosotros.

Ya entendía que provenía de un país conservador, donde las religiones hegemónicas y sus dogmas eran una forma de moldear y dar marco a la espiritualidad. De hecho, lo primero que hizo mi padrastro, como buen patriarca, fue matricularme en un colegio de curas católicos. Sin embargo, gracias a los referentes de mi abuela (que se declaraba agnóstica), también entendí que provenía de un país de poetas y magos. Ellos, con sus acciones, habían dado luz a las mentes temerosas de una dictadura militar que había amputado la autoestima y la valía de una generación completa.

Comprendí que mis padres biológicos no habían podido del todo ser padres y autoridades en mi vida, dado que una fuerza fáctica había arrebatado su poder personal bajo una capa de terror. Ellos y sus niños interiores habían sido ultrajados. Tampoco me correspondió ponerme en el lugar de hermano o padre de ellos, porque no era justo para mí entender siempre la violencia y no aceptar que uno tiene límites y que no tenemos por qué cargar con los procesos de los demás. Pero eran mis padres. En vez de cargar con ellos, simplemente (y complejamente, por ende) aprendí a amarlos como son, y les agradecí y los honro hasta el día de hoy por haberme dado la vida.

Mi madre, cuando tenía quince años, tuvo que presenciar cómo mi abuela enterraba literalmente parte de su historia. La familia Cordero había venido de Cuba y, en la época de la dictadura, todo lo que llegaba de esas tierras era una amenaza. Cuando estalló el régimen militar, mi abuela, en vez de quemarlos, prefirió enterrar los discos, las fotografías, las memorias en papel, las cartas y todo lo que diera indicio de nuestros orígenes cubanos en un país que en ese momento repudiaba, al punto de torturarlo y hacerlo desaparecer, a quien arbitrariamente se considerara comunista o revolucionario.

Siempre entendí que ciertas luchas no eran las mías y que la política, así como la conocía, solo había generado separación y dolor. Ese vil juego de ganadores y perdedores absorbía a todo el mundo. Luego de recuperada la supuesta democracia, la falta de memoria y la tentación del materialismo, impulsados por el poder de las grandes multinacionales, empezaron a convertir en estereotipos los valores genuinos de un pueblo y su cultura. Recuerdo perfectamente cuando se recuperó la democracia en Chile y recuerdo cómo, en los años noventa, la anestesia del consumo fue royendo el vínculo humano, empobreciendo moralmente a un país que solo quería "progresar".

Por mucho tiempo detesté ser chileno. Ese concepto de la patria y su valor simbólico es un procedimiento patriarcal, arbitrario y limitante. Lo veía en la amputación de las cualidades vitales de mis propios padres. Nunca me sentí chileno, nunca me identifiqué con ese rol; de hecho, cuando mediáticamente se hablaba de "Nosotros, los chilenos", entendía que no era parte de eso que se decía. Es como un padre que te exige tomar moldes definidos para hacerte formar parte con orgullo de esa cofradía de la nada. De hecho, ahora que vivo hace más de catorce años en Argentina, no me siento argentino pero tampoco extranjero. En tal caso, hoy conecto con un sentimiento zonal latinoamericano, su tierra, su cultura, sus climas y su poesía.

Soy parte de este sur del planeta, rico en cultura ancestral, chamanes, poetas y gente de trabajo. Pero también hoy la conciencia me lleva a pensarme como habitante del planeta Tierra y, como tal, ya no solo inconscientemente a servir a una patria, sino que me incita a querer cuidar el mundo entero y a sentirme parte de un todo más amplio.

MI AS DE BASTOS

ALLÍ DONDE OTROS EXPONEN SU OBRA
YO SÓLO PRETENDO MOSTRAR MI ESPÍRITU.

ANTONIN ARTAUD

Mi deseo consciente siempre fue estudiar y dedicarme al arte escénico. Tenía una tía abuela actriz: Peggy Cordero. Gracias a ella conocí el teatro y el detrás de escena. Era muy pequeño y Paky me llevaba a ver las obras de Peggy. Ella era una actriz conocida en Chile, hizo telenovelas, teatro, y en un momento se destacó por ser la primera actriz chilena en desnudarse sobre un escenario, al actuar en la famosa revista *Bim Bam Bum* de los años 60 en Santiago.

Un día fuimos a buscar a Peggy después de una actuación. Como la obra todavía no había terminado, nos hicieron pasar en silencio para ver los últimos momentos de la presentación. Me recuerdo parado mirando al público a oscuras y un lugar iluminado donde estaban mi tía y el grupo de actrices y actores. Ante mis ojos se hallaba el fenómeno completo, la acción y la recepción. La luz y la sombra del teatro, lo que se muestra y lo que se eclipsa.

El teatro y ese aplauso final donde la luz se prendía y la emoción colectiva se abría paso me pusieron los pelos de punta. Nunca olvidé ese momento; tal vez ese impacto fue lo que inconscientemente me llevó a querer aprender a hacer teatro. De pequeño también me gustaba ir a camarines y ver a las actrices riendo y hablando de lo que había pasado en la escena, ellas me parecían mágicas, mujeres que en ese cuarto de vestidor develaban secretos que yo sentía que tenía el privilegio de presenciar. El teatro, al igual que el Tarot, es parte de un juego vincular. Hay un pacto temporal donde ambas partes, consciente o inconscientemente, acuerdan dialogar para ir en busca de una respuesta que, en general, se traduce en nuevas preguntas.

Luego desde Cuba llegó otra pariente, que era directora y profesora de teatro, Maritza Rodríguez Cordero. Ella fue mi primera maestra de teatro. Estaba claro que quería dedicarme a eso. En mi colegio inventaba presentaciones para mis compañeros y, para cualquier trabajo práctico de materias como Religión, Filosofía o alguna humanista, proponía a los profesores expresar el contenido que nos daban mediante alguna presentación en el aula, en el patio, en la puerta del colegio. Incluso llegué a intervenir el interior de la iglesia para generar mis performances de preadolescencia.

Hacía mi teatro arriba del altar del cura corriendo previamente los utensilios de los ritos católicos para encadenarme, prender velas y hacer esos psicodramas lastimeros, pero tan liberadores a mis quince años. Hoy entiendo por qué todos mis compañeros y hasta los curas quedaban tan impactados. Siempre en ese colegio se me respetó porque hacía teatro: era extraño pero cierto.

Era la oveja negra. Recibíamos una educación que nos moldeaba para ser hombres heterosexuales, machistas y exitosos en el campo de la ciencia. Yo, en cambio, me sentía homosexual, feminista, actor y tarotista. La pasé mal por momentos, sobre todo cuando me agredían, pero ¿quién iba a sospechar que en casa ya tenía violencia de sobra como para que me atemorizara que me hicieran bullying por ser gay?

Paradójicamente representaba todos los años a Jesús en el vía crucis oficial del colegio, delante de padres y alumnos: armaba las doce estaciones. Me ponía una cruz bien grande y pesada y estaba horas cargándola. Hasta me salía sangre de las rodillas porque me parecía que la actuación tenía que ser lo más realista posible. La parte que más me gustaba era el grito de dolor de Cristo antes de su muerte. Dejaba a todos atónitos; a mí me desgarraba y me liberaba hacerlo. Todos los años mi objetivo era que ese grito fuera más y más conmocionante. Por supuesto, ni sospechaba por qué lo hacía, pero me generaba pasión. Así fui descubriendo que el teatro tiene un poder, y no solo el teatro: la expresión misma cuando nace de un espacio irrefrenable y verdadero, porque esa fuerza es capaz de mover conciencias y montañas, como las montañas enormes e inamovibles a las que me vi enfrentado más de la mitad de la vida en Santiago de Chile.

A esa altura había encontrado las grandes herramientas de mi Mago: el acto escénico como vehículo de expresión no colonizada ni estereotipada y el Tarot junto con la magia como pensamiento simbólico y onírico de la realidad. Fueron, en principio, dos guaridas para la oveja negra que era.

Maritza, mi tía cubana, fue la que me invitó a su taller de teatro para adolescentes y adultos cuando cumplí los quince; si bien siempre fui inseguro y me sentía un mal actor, mis ganas de estar en escena y poner mi cuerpo al servicio de formas distintas a las convencionales me despertaban gran placer y entusiasmo.

Hoy puedo ver que ya entonces el Tarot y el teatro me acompañaban como lenguajes alternativos a los mandatos impuestos; sin ser consciente de lo que representaban, eran ventanas que con el tiempo se transformarían en puertas hacia nuevos espacios y formas de percibir la realidad. Las palabras "Tarot" y "Teatro" tienen casi las mismas letras y al menos en mi experiencia fueron las llaves de acceso a mi vía en la vida. Son mis herramientas más genuinas para facilitar a otros una guía hacia el encuentro con ellos mismos. Muchas personas criticaron que estudiara teatro y leyera el Tarot, y cuando uno ve que la mayoría te cuestiona aparece la inseguridad de la voz interior, la propia. Hoy consigo ver que cada oveja negra necesita seguridad en sí misma, en sus intuiciones y herramientas sagradas.

Es por eso que este libro está dedicado al devenir y la reivindicación de todos los que se sienten o se hayan sentido como ovejas negras. Los incomprendidos, los que no estuvieron dispuestos a replicar o perpetuar reglas y sistemas de creencias que no los conectan con la vida ni con lo que perciben como lo orgánico.

A veces las ovejas negras quedamos mucho tiempo en la zona de la oscuridad, de la tristeza, de la rabia o de la incomprensión porque nos han hecho creer que nuestro reclamo, pedido o necesidad de cambio es un mero capricho, ya sea porque nos resistimos a integrar esos patrones de conducta o, simplemente, por ser unos malagradecidos de eso que nos es dado. Y a menudo la tendencia es sentir que tenemos las alas rotas para volar; no encontramos espacio y contexto para realizarnos. Sin embargo, las ovejas negras, cuando tocan fondo, desde la negrura de la noche oscura, resurgen de sus amputaciones e imposibilidades para transformarse en ovejas de pelaje multicolor, para brillar e irradiar tonalidades particulares y bellas de cada ser. Pues cada ser es auténtico y está lleno de potencialidades. Solo basta empezar a creer en nosotros y legitimar nuestros anhelos.

La oveja negra, al volverse multicolor, sitúa el amor, la creatividad y la vida en primer plano. Lo hace en nombre de ella misma y luego del sistema genealógico, para acceder a la consciencia del mundo entero. Esa transformación no surge solo por un deseo individual, sino por los que pudieron y por los que no pudieron en el pasado, así como también por todos los que vendrán.

PRIMERA PARTE

EL TAROT & SU MAGIA

DESCUBRIR EL TAROT

LAS PALABRAS ESTÁN LLENAS DE FALSEDAD O DE ARTE;
LA MIRADA ES EL LENGUAJE DEL CORAZÓN.

WILLIAM SHAKESPEARE

El Tarot se aprende observándolo. Es un lenguaje óptico que nos pide constantemente nuestra atención y nos invita a renovar la mirada. En una primera instancia, para mirar no es necesario racionalizar; de hecho, el Tarot nos invita a observarlo sin juicio, lo más dispuestos posible a abrir nuestro campo energético y dejar que las cartas nos devuelvan estímulos sensibles. Ni siquiera es necesario poner rápidamente esos estímulos en palabras. Muchas veces es más fructífero dejar que sus imágenes dialoguen en silencio en nuestro interior.

Una vez que dejamos de pretender que ocurra algo específico, el Tarot deviene en magia, poesía intempestiva, y es capaz de dar cuenta de lo que nuestra consciencia está preparada para integrar. Es así como, poco a poco, el Tarot nos susurra al oído y al corazón: ritmos, sensaciones y percepciones nuevas del mundo que nos rodea.

Como herramienta sagrada y misteriosa, desde su relato visual el Tarot nos devuelve la posibilidad de dialogar con el lenguaje simbólico. Lo simbólico nos conecta con los orígenes de las cosas, con su misterio intrínseco, y nos posibilita poblar de sentido la vida cotidiana. El símbolo se abre más allá de los contornos de la carta para ser parte de todos los objetos de nuestro entorno; así, el Tarot nos propone amorosamente integrar y percibir el símbolo en el mundo. El Mundo, ese que percibimos allá afuera, pero que seguramente es un reflejo de nuestro interior.

La tarología traduce esos estímulos y los pone al servicio del entendimiento, de la consciencia y la evolución de los procesos. Para captar esos estímulos, nuestra mirada y nuestra actitud tienen que ser receptivas. La receptividad es clave a la hora de intentar comprender y posteriormente traducir, pues muchas veces creemos que estamos permeables al mensaje del Tarot y, en verdad, el riesgo de tener una mirada obtusa es muy habitual, y proyectamos juicios y opiniones en lugar de percibir lo que se quiere poner de manifiesto.

Por lo mismo, la única condición que nos propone el Tarot para empezar a dialogar con él de forma franca es que podamos construir un espacio sagrado. Un espacio sagrado es un espacio interior, de tiempo distinto al cotidiano. Si habitamos ese instante fugaz podremos presenciar desde el vacío, sin juicios ni condicionamientos, lo que acontece cuando una carta de Tarot entra en juego.

De ahí su aspecto mágico: nos conecta con las profundidades de nosotros mismos a la vez que nos transforma, llevándonos directo al hueso, a ese oasis que hay en el fondo del fondo y al que no siempre podemos acceder, al menos no desde el tiempo y desde la percepción cotidianos.

Al abrir el Tarot se abren mundos, como un juego de muñecas rusas o como si fueran las capas de una cebolla. Esa apertura hacia el mundo interior, consciente o inconscientemente, nos propone reconocer a través de resonancias nuestros lugares olvidados, que a veces son evadidos o nos resistimos a aceptar. En ocasiones hasta el dolor queda anestesiado con el tiempo, pero eso no significa que ya no esté presente.

Su influjo es similar a sumergirnos en medio del océano. El mar, simbólicamente, representa el inconsciente, y el Tarot nos enseña que podemos ir hasta lo más hondo, pero poco a poco, en la medida que estemos preparados. Es por eso que el Tarot es ilimitado, porque uno nunca llega a encontrarlo todo. Al final de cuentas, ¿qué sería la totalidad de las cosas?

La comprensión del Tarot como mandala o cuerpo holístico nos facilita la idea de que todo está íntimamente relacionado por un tejido perfecto, donde cada punto resuena con otro, bajo el movimiento y la sabiduría de lo cíclico. En lo cíclico no existe la muerte como la conocemos, sino como la constante transformación de un estado en otro. No fuimos educados para percibir el tiempo y nuestros acontecimientos de manera cíclica, la percepción lineal de los sucesos es una convención. Cuando observamos la naturaleza, y por ende también la naturaleza del Tarot, descubrimos que su lógica es cíclica, nunca lineal.

Sin embargo, en el viaje de la vida surgen permanentemente las interrogantes y necesitamos buscar señales o hacer consciente lo que en apariencia no estamos viendo; es por eso que acudimos al Tarot como un oráculo de consulta. Algo del Tarot nos habla de cerca, al mismo tiempo que nos cuida, porque no podemos acceder a lo que en este momento no es posible integrar. Pero nos devuelve pistas y, de alguna manera, nos prepara o nos acerca a lo que necesitamos en el momento presente.

Es fundamental no olvidar que el Tarot, ante todo, es un juego, y los juegos están hechos para jugarlos en la medida que creemos en ellos o nos divierte eso a lo que jugamos, si nos hace sentido o no nos hace sentido. Lo divertido de este juego es que se actualiza mientras mutamos. El Tarot es una herramienta que toma vida gracias a la atención y a nuestra intención de jugar, de estar. También habla de nuestro nivel de confianza en nosotros mismos, pues su voz es la voz que en espejo resuena en nuestra profundidad. Percibir y aceptar que lo sagrado forma parte de lo que somos, que somos parte de la naturaleza que es pura creación, en vez de desconfiar eternamente de nuestro poder de conexión y vivir solo en el plano de las apariencias. Hoy se vive más el plano de lo virtual, que de alguna manera es un recorte de la realidad, sin integrar otras cualidades. Hace unos años vivíamos prácticamente en otra era, las urgencias personales tienen una relación directa con las urgencias colectivas y claramente estas han cambiado, pues son distintas a las que se manifestaban hace diez o veinte años. El mundo cambió. Es por eso que leer el Tarot hoy no puede seguir el mismo patrón. Caer en lo anacrónico también es una cristalización de la mirada.

Devenir feminidad, devenir concavidad, como La Papisa, es entrar en el espacio sagrado donde *la verdad* se actualiza para luego volver a aflorar. Desde ese lugar nos brinda una devolución, un gesto o una nueva pregunta. Nos mueve o, al menos, nos invita a movernos.

En los arcanos mayores, los Ángeles son los encargados de dar cuenta de los nuevos anuncios, la información divina, y el Ángel representa nuestro universo afectivo. Es por eso que el Tarot nos dice que, para acercarnos a la verdad, la única posibilidad es hacerlo desde el corazón. Si nos leemos y queremos acercarnos a nuestras propias verdades, es necesario ser honestos con nuestros afectos y ser benevolentes con nuestros procesos y si la lectura es para otro, poder acompañar con empatía y cuidado las energías sutiles de ese ser que está abriendo parte de su espacio íntimo.

EL NO TIEMPO ESPIRITUAL

> DE TIEMPO SOMOS. SOMOS SUS PIES Y SUS BOCAS.
> LOS PIES DEL TIEMPO CAMINAN EN NUESTROS PIES.
> A LA CORTA O A LA LARGA,
> YA SE SABE, LOS VIENTOS DEL TIEMPO
> BORRARÁN LAS HUELLAS.
>
> **EDUARDO GALEANO**

Los primeros mazos de Tarot que se conocieron datan del siglo X y los arcanos mayores son un claro espejo de la cosmovisión europea occidental de ese momento. Sin embargo, cuando vemos los arcanos menores, notamos que tienen una influencia oriental, y de alguna manera eso nos puede hacer pensar que un mazo de Tarot configura una especie de sincretismo entre los pensamientos occidental y oriental de entonces. Lo cierto es que nadie sabe realmente quién y cómo creó el Tarot. Es un verdadero misterio, y como todo misterio está lleno de conjeturas. Pero lo que sí sabemos es que al principio se lo utilizaba para jugar de forma pagana y cotidiana, teniendo en cuenta que lo "pagano" en la Edad Media no representaba lo mismo que hoy. Absolutamente todo estaba cargado de misticismo; la consciencia del hombre no diferenciaba la experiencia terrenal de la espiritual o religiosa. Sin embargo, el Tarot era un juego para apostar dinero y, con el tiempo y según las manos en las que fue cayendo, su uso fue cambiando. Se dice que mucho después los gitanos empezaron a utilizar el juego de cartas como herramienta de adivinación, claramente con un fin comercial y para nada espiritual.

Para pensar el futuro, tenemos que repensar la noción de tiempo. ¿Qué es el tiempo? ¿Cómo se traduce si no es en un reloj? ¿Existe realmente el futuro? Pensar en el tiempo y tener una perspectiva propia respecto de ese fenómeno nos pide una filosofía.

Una vez, en un papel, escribí lo que una voz me decía en un sueño recurrente: "El tiempo no existe, es una ilusión; el verdadero estado del ser se esconde en el fenómeno del tiempo sin tiempo". "¿Cuál es el estado de tiempo sin tiempo? —pensé—, ¿cómo se puede acceder a él?" Como buen occidental, esta pregunta siempre me llevó a buscar formas de encontrarlo, de construirlo, hasta que descubrí que ese estado solo es posible habitarlo, sustrayendo, disolviendo, aquietando. Como La Papisa: ella está de alguna manera al margen de lo externo y en contacto con lo atemporal. La Papisa es el primer arcano que nos habla de nuestra espiritualidad y de la relación con el tiempo; ella entra profundamente en su interior. Y esto no debería volverla estática; al contrario, la receptividad no es lo mismo que la pasividad. La Papisa nos enseña que el tiempo varía en relación con nuestra propia percepción, y que para poder entrar en sus secretos e intersticios debemos entrar en una escucha profunda, y no en la observación del minutero.

La receptividad en el mundo patriarcal capitalista es sinónimo de debilidad; pareciera que siempre debemos encontrar una respuesta a todo, ser certeros, productivos, tener las cosas claras. Pero no: el flujo de la vida es la alternancia perfecta entre las energías receptiva y activa. Yin y yang, luz y sombra. Y todos los matices entre ellas, pues la idea no es pensar que el mundo es binario, sino más bien múltiple, pues existe infinidad de conexiones entre esas energías aparentemente opuestas.

Predecir el futuro no es una práctica espiritual, dado que no hay posibilidad de contacto interior y, peor aún, cualquier decreto, de una u otra manera, es una forma de estaticidad y prepotencia. La mala fama que ha tenido el Tarot a lo largo de los años nace de prácticas nocivas o sentencias absolutistas que solo han logrado el rechazo por las cartas. Pero ese tiempo ya está quedando atrás.

Fuimos educados en un contexto masculino, no receptivo, y la necesidad de respuestas inmediatas incendia habitualmente la tranquilidad. No resistimos los procesos, y la inteligencia cíclica no es la que nos enseñaron en la escuela. Vivimos de conceptos enjaulados (estereotipos), y nuestro olvido del ser intrínseco de esta encarnación nos lleva a evasivas que nos anulan la mirada de los detalles ricos que existen en nuestro presente y que, en definitiva, nos ayudan a construir nuestro devenir y nuestra propia percepción del tiempo.

Una cosa es el tiempo sin tiempo y otra, la cristalización del tiempo. Cada momento es una oportunidad de transformar las bases del destino, en la medida en que volvemos a conectar con ese no lugar que está en el silencio. En tal caso, el destino será vivido en el momento mismo en que ocurra como consecuencia de un tejido de acontecimientos, donde siempre el presente es la llave para acceder al pasado o a la proyección del futuro.

Espiritualizar la materia y lo que acontece nos demanda presencia en el aquí y ahora, que en definitiva es lo mismo. Los japoneses tienen la misma palabra para definir los conceptos de tiempo y espacio: *ma*, pues el tiempo está en plena concatenación con el espacio que les damos a las cosas. Si le damos espacio a un sistema de creencias limitantes, será eso lo que en definitiva irá en desmedro de nuestro tiempo, consumiéndolo.

La espiritualidad no tiene dogma; a diferencia de una religión, no posee reglas ni tiempo definido. Aunque cada religión posee sus propias creencias, apela a la posibilidad espiritual del ser humano. Muchas veces captan espíritus a través de ese lugar y otorgan un espacio (tiempo/espacio) concreto para su desarrollo, como templos e iglesias, pero las reglas que suelen suscitarse como intercambio tienen una intención reguladora o anacrónica del ser. Seguramente las religiones tuvieron un fin místico en los comienzos. La palabra *religión* vendría a ser algo así como *re-ligar*, o volver a unirnos con Dios o con nuestra dimensión sagrada. Pero hoy la mayoría de los dogmas religiosos cercenan las búsquedas propias en relación con el misticismo personal. Y la tiranía del reloj nos aleja de la posibilidad de crear los espacios sagrados necesarios para conectar con lo esencial.

El ejercicio de conocernos a nosotros mismos, nuestra profundidad y los alcances de nuestra espiritualidad se puede hacer en parte con el Tarot, y tal vez por eso es que las religiones en general repudian su práctica. El trabajo con el Tarot no posee dogmas ni reglas fijas; tampoco es violento. Los violentos muchas veces son las personas que intentan quedarse con la verdad detrás de las cartas. Y las cartas jamás enuncian verdades absolutas. Ni tampoco hablan; somos nosotros, los humanos, los que las hacemos hablar pues el Tarot es un juego que espeja lo que vemos, lo que somos, lo que proyectamos sobre él.

Habría que diferenciar el Tarot de ciertas prácticas de algunos tarotistas; como durante muchos años se lo ejercía en secreto, eso propició que en nombre del Tarot se replicara un patrón abusivo. Una de las tantas supersticiones que giran en torno al uso del Tarot dice que no debería leerse a uno mismo, lo cual me parece alejado de la evolución del uso del Tarot. Al contrario: si vamos a leer a otras personas, nunca deberíamos dejar de vincularnos con la herramienta ni de transformarnos con ella. ¿Por qué, entonces, tendríamos que pretender que otro lo haga?

El hecho de que no existan dogmas ni reglas fijas nos entrega nuevamente el poder de decidir cómo jugarlo, para alcanzar una práctica abierta y sin supersticiones. Creo que recobrar ese tiempo sagrado de la mano del juego del Tarot nos acerca a una filosofía propia de la vida y sus acontecimientos. Y con el tiempo, valga la redundancia, se van develando paso a paso los misterios que existen dentro de nosotros mismos, como preciados espejos de los misterios de la existencia.

EL ENFOQUE EVOLUTIVO

NADA ES PERMANENTE A EXCEPCIÓN DEL CAMBIO.
HERÁCLITO

Si bien existen múltiples formas de jugar y utilizar el Tarot, ante todo se trata de una herramienta de consulta. Sin embargo, la manera de abordar la traducción tarológica pondrá de manifiesto sus distintas miradas.

Cuando hablamos de Tarot evolutivo, estamos hablando de una manera de enfocar nuestra investigación y uso del Tarot: una forma determinada de mirar y de concentrar la atención en lo que hacemos. Esto no quiere decir que haya normas, pero sí implica ser conscientes desde dónde estamos conectados, desde dónde estamos mirando y cuáles son las búsquedas que llevamos adelante.

El enfoque evolutivo es justo eso: un enfoque filosófico práctico que se basa fundamentalmente en que nada debería permanecer estático. Por ende, nuestras traducciones, como las preguntas que se le hacen al Tarot, jamás serán sentencias o extracciones de una verdad absoluta o fija.

Todo se está moviendo, todo va evolucionando o involucionando. Todo eso depende de la consciencia que tengamos sobre esos cambios y de cómo estemos dispuestos a acompañar esos procesos. Es por eso que, cuando nos leemos el Tarot, las cartas que salen elegidas representan primeramente una energía disponible y mutable.

Nunca entendí las sentencias absolutistas; siempre percibí que poseen una oscuridad poco nutricia. Yo también la pasé mal del lado de consultante con tarotistas con poco tacto y amor por el encuentro humano. Por suerte, pude no darles poder ni resonancia a esas palabras estancadas, pero existen personas que por falta de autoestima entregan constantemente a otros el poder de decidir por sí mismos. Ahí radica el riesgo.

Lo evolutivo podría aplicarse al trabajo del Tarot, ya sea de forma predictiva o terapéutica. Esto quiere decir que podríamos estar tanto en el plano de lo predictivo como de lo terapéutico y seguir enfocando el trabajo de forma evolutiva. Lo evolutivo le devuelve el poder al consultante para decidir si toma la traducción o una parte de ella. Y en el caso de que el consultante tome todo de forma literal, lo ayudaremos a que pueda discernir entre lo que resuena y lo que no resuena.

Como con cualquier tipo de terapeuta, al ego del tarólogo o tarotista hay que tenerlo en la mira. Muchas veces es mejor hacernos invisibles en una lectura y que el consultante sienta que el sentido terminó de articularlo él mismo. Un tarotista debería facilitar, pero el verdadero trabajo lo tiene que hacer el consultante pues el Tarot evolutivo le devuelve el poder de acción sobre su vida y su devenir.

En términos filosóficos, lo evolutivo tiene que ver con el concepto del *devenir*. El primero en utilizarlo fue el presocrático Heráclito. Seguramente resuena la famosa frase: "No puedes bañarte dos veces en el mismo río, dado que el río fluye y deja de ser el mismo; por ende, el hombre que entra nuevamente al río tampoco es el mismo". Para Heráclito, las cosas no tienen un ser inmóvil; lo que existe es un ser en movimiento que se transforma. Por lo tanto, para Heráclito solo el cambio existe como certeza de vida.

Es por eso que el enfoque del Tarot evolutivo está ligado con la idea del devenir y devuelve al que consulta la posibilidad de aprovechar este cambio intrínseco para transformarse. Lo evolutivo es dar al que pregunta la posibilidad de cambiar, de transformarse, tomando esta noción como una posibilidad y una herramienta de acción que va en correlación con el fluir de la vida.

La propuesta del devenir es el salto sustancial de *ser* a *estar siendo*; esto nos posibilita conectar con el proceso de la transformación inherente de todo lo que existe. Toda situación que vivimos está expuesta al cambio. Esta propuesta nos exime de definirnos de una manera o de otra, y nos permite comprender que estamos siendo temporalmente y que contamos siempre con la posibilidad de transformación consciente, beneficiándonos con ella.

Otras vertientes del Tarot impiden que el consultante cambie su sino; más bien aparece la adivinación como un patrón de algo que pareciera no poder cambiar.

Ahora bien: ¿se puede practicar el enfoque evolutivo desde lo predictivo? La respuesta es sí. La predicción, como dice la palabra, consiste en predecir antes que ocurra un suceso. Esto es posible si se acepta o se encuentra algún tipo de patrón repetitivo; la tendencia predictiva es evidenciar ese patrón pero, desde el enfoque evolutivo, no lo transformaremos en decreto, al contrario: lo llevaremos al plano consciente junto al consultante, y buscaremos una orientación para descondicionar eso que tiene tendencia a la repetición.

LA CONSTRUCCIÓN DE LA VERDAD

CREE A AQUELLOS QUE BUSCAN LA VERDAD;
DUDA DE LOS QUE LA HAN ENCONTRADO.

ANDRÉ GIDE

La verdad es una construcción cultural y, como tal, cambia de acuerdo con la historicidad. En la cultura occidental hay un par de hitos que marcan virajes significativos en la forma de percibir la realidad y acercarnos a la verdad. Cada época tiene sus verdades y, en la medida en que cambian los sucesos y las formas colectivas de ver, cambia lo que es cierto de lo que es fantasía.

Antes de Sócrates y de Platón, la cultura griega, con sus filósofos presocráticos, emparentaba la verdad con los flujos de la naturaleza; a esa camada de pensadores pertenece Heráclito. Sin embargo, luego, con Sócrates y con Platón la verdad pasó a ser una construcción que se basaba en la dialéctica racional y, por ende, era explicable con la palabra: el *logos*.

En la Edad Media la verdad no podía estar divorciada de la palabra de Dios y esto, llevado al extremo, permitió el fanatismo, para en la época moderna terminar asociando lo verdadero con lo que es comprobable mediante la ciencia y la técnica. La ciencia moderna aniquiló el pensamiento mágico y entregó, en nombre del progreso, la noción de verdad a lo que es científicamente verificable. De allí se desprenden la medicina alopática, las matemáticas como las conocemos hoy, incluso el mismo sistema capitalista.

Sin embargo, el mundo cambió su paradigma y su noción de verdad en el momento en que detonó la bomba atómica. El mensaje fue muy claro: la ciencia moderna no está realmente al servicio del progreso humano. Es más, es muy probable que el hombre, si sigue entregando su poder a la técnica, destruya el mundo. Allí se inicia lo que conocemos como el *paradigma posmoderno*.

Lo posmoderno, como su nombre lo indica, sigue de alguna forma relacionado con la época moderna pero, fundamentalmente, es un momento basado en la deconstrucción de lo que *aprendimos o desaprendimos* al entregar todo el poder a la ciencia como reguladora de la verdad. El ser humano, representado por las vanguardias artísticas y por su angustia intrínseca, se vuelve a hacer preguntas, sin necesariamente buscar una respuesta. Son preguntas que buscan una reflexión para dejar de creer que la verdad es única y estática.

Hoy, al entrar de lleno en el siglo XXI, nos vamos conectando con nuevas percepciones de verdad que ya dejan de ser unívocas para pasar a ser múltiples. Estamos en un momento donde la multiplicidad es una forma de percibir el mundo, y ya no necesitamos un solo modelo de pensamiento; al contrario, vamos nutriendo una tendencia con otra. Pareciera que hoy la clave está en la apertura más que en el determinismo.

El hecho mismo de que internet y los nuevos medios (valga la redundancia) de conexión nos posibiliten otras formas de interpretar la realidad está abriendo un mundo nuevo basado en el hombre y sus reconexiones perdidas.

En la época moderna, uno de los principios en la consciencia del hombre es que la naturaleza pasó a ser un objeto del cual servirse para el progreso humano. El humano dejó de percibirse naturaleza y junto con eso abandonó la noción cíclica.

Aún no llevamos siquiera un siglo desde que entró en la consciencia colectiva la noción de que el planeta Tierra, nuestro hábitat (por ende, nuestro espacio y nuestro tiempo), podría llegar a un final, fomentado por nuestros delirios explotadores de los recursos. Hoy nos hallamos ante una especie de coletazo de esa información y estamos traduciendo a la acción los cambios para relacionarnos con nuestros recursos, entendiendo que su explotación desaforada no es sinónimo de progreso.

El enfoque evolutivo, tanto en el Tarot como en cualquier mancia, arte o disciplina, danza con los tiempos que corren. Necesitamos enfocarnos en las herramientas que nos ayuden a tomar valor y entendimiento para entrar en el plano de la acción, siendo responsables y conscientes de ello. De esta forma podremos evolucionar y cambiar el paradigma moderno y la desconexión intrínseca para, de alguna manera, contribuir a la continuidad de la vida de los que vienen en camino.

TODOS PODEMOS LEER EL TAROT

UNO DEBE ABANDONARSE A SU INTUICIÓN:
SABEMOS MÁS DE LO QUE CREEMOS.

DAVID LYNCH

Hoy el Tarot no tendría que estar en el plano del ocultismo. De hecho, lo primero que podemos pensar cuando hablamos de magia es sobre su cualidad exotérica, esto es: accesible para todos, y no esotérica o secreta. El Mago, en el Tarot, está con todas sus herramientas expuestas, a la vista, porque la magia no es un artilugio secreto ni exclusivo para unos pocos que se creen con dones especiales. Al contrario: la magia del Tarot es un juego que todos podemos jugar y que, de alguna manera, está al alcance de la mano, literalmente. Como las herramientas de El Mago.

Nadie está sin ninguna herramienta interpretativa o sensible ante una carta de Tarot. Aún no conozco a alguien que no tenga algo para decir, alguna impresión o nociones de familiaridad con alguna de sus imágenes.

A partir de la época moderna empezaron a mantenerse ocultas ciertas disciplinas relacionadas con la magia, en primera instancia para preservarlas y también porque estaban prohibidas. No fue casual el incendio a la biblioteca de Alejandría, donde se albergaba el gran reservorio del conocimiento no científico. Fue quemada y lo que se salvó se escondió y por muchos siglos constituyó un conocimiento para algunos pocos, miembros de guetos y agrupaciones ocultistas.

Esa información ya no tiene que permanecer oculta. Hoy esa sabiduría puesta al servicio del nuevo contexto y las urgencias actuales es un tesoro que puede augurar evolución y conexión de los seres humanos con su esencialidad.

> CONOCERNOS MÁS ALLÁ DE LO QUE NOS CONTARON LOS DOGMAS SOBRE NOSOTROS MISMOS PUEDE SER LA VÍA DE LA CONTINUIDAD DE LA VIDA.

Sueño con que, un día no muy lejano, se puedan utilizar las cartas del Tarot abiertamente y tal vez desde temprana edad. Que los niños y las niñas le den un nuevo vuelo a este instrumento pues, como herramienta de autoconocimiento, el Tarot es tan sabio y certero que no me cabe duda de que nos hace mejores.

UN CUADERNO CREATIVO

LA INSPIRACIÓN EXISTE, PERO TIENE QUE ENCONTRARTE TRABAJANDO.

PABLO PICASSO

Antes de leer un libro de Tarot y memorizar cada arcano cual receta de cocina, es mejor observar las imágenes y permitir que se disparen los sentidos y las sensaciones genuinas. Lo mágico del Tarot apela a lo particular de quien lo lee; no existe una verdad a priori detrás de las cartas. Esto ocurre porque detrás de una lectura de Tarot existe un procedimiento creativo, y la creatividad está totalmente ligada con la intuición y nuestra parte sagrada.

LA CREATIVIDAD ES UN IMPULSO QUE NOS LLEVA A TRANSFORMARNOS. ES NUESTRO FUEGO INTERNO, NUESTRA PARTE PULSIONAL. SI LA REPRIMIMOS, PUEDE HACERNOS SENTIR FRUSTRADOS O ENOJADOS CON EL MUNDO.

La única diferencia entre un tarólogo y un tarotista es que existen muchos tarotistas que usan la herramienta para ayudar a otros, pero no se dejan atravesar a sí mismos con los arcanos del Tarot. Un tarólogo, aparte de ser un estudioso, se estudia a sí mismo con el Tarot y luego de ese proceso de autoconocimiento puede ayudar a otros con mayor empatía.

Es por eso que les propongo armar un cuaderno donde puedan crear sus apreciaciones de los arcanos mayores y desarrollar las respuestas a las preguntas y los juegos que iré proponiendo en distintas partes del libro.

La idea no es que los hagan todos, sino aquellos que les resuenen y los impulsen a querer realizarlos. De esa forma, a cada paso reflexionarán antes de hacer algo mecánicamente. Espero que lo disfruten y logren, desde su propio poder, descubrirse en el camino.

EL ARTE DE LA MIRADA

EL VERDADERO VIAJE DE DESCUBRIMIENTO CONSISTE EN NO BUSCAR NUEVOS PAISAJES, SINO EN MIRAR CON NUEVOS OJOS.

MARCEL PROUST

El Tarot se renueva con nosotros, se renueva constantemente. Es por eso que nunca vemos una carta de la misma manera. Esa es su gran riqueza y su paralelismo con la vida; si la vida cambia constantemente, siempre tenemos la posibilidad de ir actualizando (por decirlo de algún modo) nuestras formas de estar y de ver el mundo que nos rodea.

EL TAROT NOS RECUERDA ESO: EL CAMBIO Y LA POSIBILIDAD DE CAPTAR CUALIDADES NUEVAS DONDE PENSÁBAMOS QUE YA HABÍAMOS VISTO TODO.

Cuando vemos un paisaje por primera vez con la mirada "en modo turista", todo salta a la vista: detalles arquitectónicos, perspectivas, cualidades de las texturas, comportamientos de las personas, ritmos, etc. Luego, si uno se queda a vivir en ese país-paisaje y su mirada de turista deviene en la mirada del que habita cotidianamente, es muy probable que deje de mirar y comience a automatizar lo que en un principio fue percepción y asombro.

Lo curioso es que todo está emanando signos todo el tiempo, la vida y sus acontecimientos. Si los percibimos desde el asombro, son mágicos en sí mismos y nos entregan señales constantemente para dialogar con la naturaleza de las cosas.

La mirada es anterior a la construcción del lenguaje; al mecanizar la mirada, que vendría a ser una forma de estereotipar, el lenguaje replica un lugar común que ya no está actualizado. Si cambia la mirada, automáticamente cambian la imagen y la forma de las cosas. Comenzar a estudiar el Tarot es empezar a hacernos conscientes de esto y trabajar para sacarnos capas para conectar con la mirada que, como la escucha, implica receptividad. Lo activo es el lenguaje, es posterior. En una autolectura no es necesario enunciar, sino simplemente ver, respirar, sentir y albergar el mensaje sin palabras.

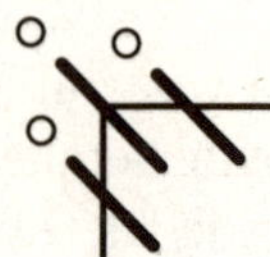

¿Dónde percibís que tu mirada pueda estar mecanizada?

Te propongo un juego: salí de tu casa con las llaves. Tomate unos segundos frente a la puerta del lado de afuera y volvé a entrar con el objetivo de mirar cada elemento como si hubieras entrado en una casa ajena.

Observá los colores, las texturas de los objetos, las disposiciones, las formas geométricas, el piso, las paredes, el techo, los signos del tiempo, las personas y/o animales que conviven contigo, etc.

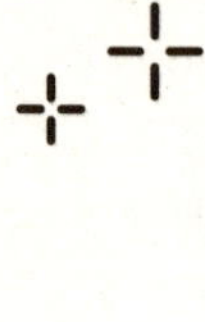
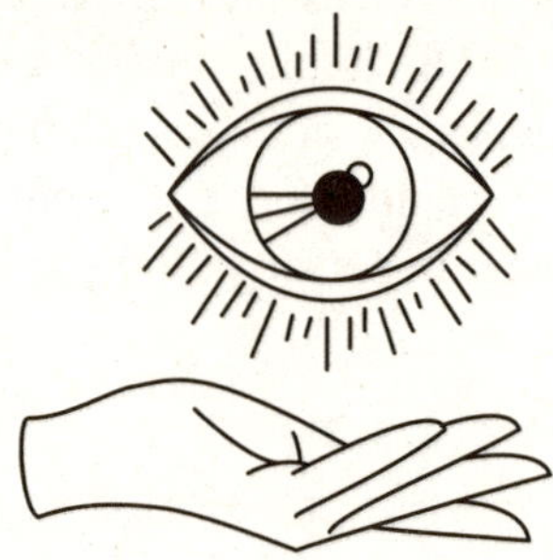

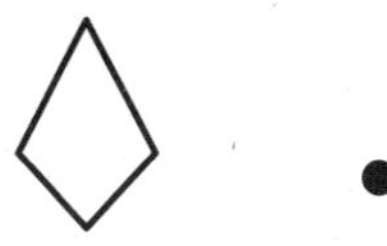

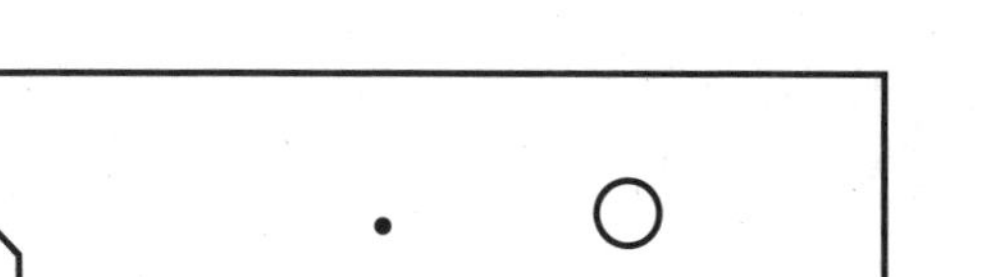

Después, escribí una pequeña crónica de una carilla como máximo que se llamará

El espacio de...
(aquí pondrás tu nombre)

....

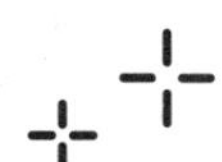

Y luego te propongo que según lo que viste y escribiste te permitas modificar algo de tu espacio, algo que te haga sentir más identificado con él en este momento.

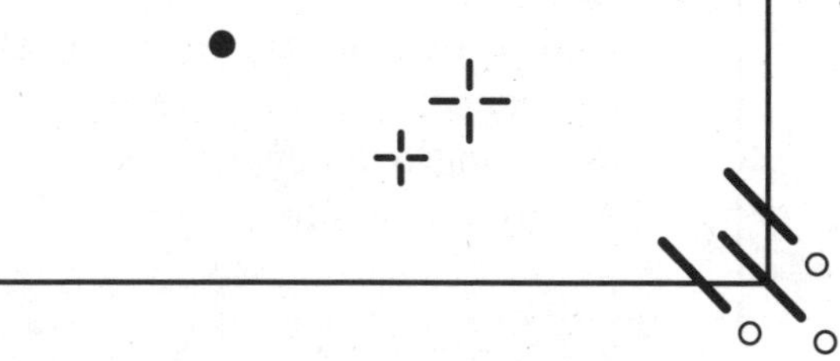

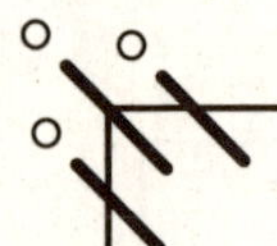

Mis primeras sensaciones frente al Tarot

Al comienzo me vinculé con el Tarot sin finalidad; solo lo admiraba por tenerlo conmigo. Aprendía de él; sentía que su sola presencia física generaba una fuerza de imantación poderosa, además de misteriosa. Sus imágenes me interpelaban, me daban miedo. Muchas me disparaban pesadillas. A veces eran mis sombras; incluso espejaban mi monstruosidad.

Veía las cartas y su carga, sin tener consciencia de que todo lo que me seducía del Tarot era un espejo de mí mismo que me atrapaba en mi propio mundo no explorado.

Tampoco estaba a mi alcance imaginar qué tipo de herramienta tenía entre mis manos; de hecho, creo que aún hoy no logro dimensionar su alcance. Lo percibo infinito.

¿CUÁLES FUERON
TUS PRIMERAS
SENSACIONES CON
LAS CARTAS
DEL TAROT?
¿SON LAS MISMAS
QUE TE PROVOCAN
HOY?

SEGUNDA PARTE
EL INCONSCIENTE
DEL CLAN
FAMILIAR

EL ÁRBOL GENEALÓGICO

LOS MUERTOS SON SERES INVISIBLES, NO AUSENTES.
SAN AGUSTÍN

Cuando pienso en el tema de las vidas pasadas, por lo general considero que de alguna u otra forma son las vidas de nuestros ancestros, con toda la carga de narrativas, historias, frustraciones, amores, deseos, e incluso su forma de desencarnar. Siempre me pareció poco útil hacer una regresión y creer que fuimos princesas, esclavos de los romanos o aventureros del mar en el siglo X porque si realmente quisiéramos saber qué fuimos, sería más útil reconstruir las historias de nuestros propios ancestros e indagar en ese mapa genealógico, para espejar gestos comunes a la percepción de nuestra realidad actual.

Allí encontraremos algo que habla de quiénes estamos siendo hoy; allí es donde podremos hallar claves para entender ciertas fuerzas que nos toman en el presente y a veces parecen incontrolables, porque tienen un poder sobre nosotros. Si no somos conscientes de eso, es muy probable que no nos demos por enterados de que hacemos propias cuestiones que no nos corresponde encarnar, ya que no son nuestras vivencias: fueron las de otra persona dentro del clan pero en otro tiempo.

El árbol genealógico es un misterio maravilloso: funciona como un ser vivo atemporal, y su noción de tiempo es tan inmedible que lo que aconteció hace más de cincuenta años desde la concepción del tiempo lineal podría estar repitiéndose perfectamente en el tiempo de lo que llamamos *presente*.

Cada vez que nace un nuevo integrante existen distintas fuerzas que se depositan sobre el recién nacido: un sinfín de condicionamientos que determinan de alguna manera el relato o la narrativa que va a desarrollar esa suerte de actor de la vida.

No venimos en blanco: venimos con guiones repletos de capítulos no culminados que piden inconscientemente, a través del nuevo integrante, continuar o perpetuarse. También esos guiones son elaborados de forma consciente, pues no conozco ninguna familia que, al momento de que se enteran de que viene un nuevo integrante, no empiece a desplegar un sinfín de conjeturas, deseos y proyecciones: el sexo, el color de piel, la inclinación vocacional, su carácter, su misión en la vida, etcétera. Son realmente infinitos los deseos conscientes e inconscientes, dichos o no dichos, antes de su nacimiento y luego, de algún modo, ese nuevo ser tiene que responder a esos condicionantes con apropiación, rechazo, culpa o evasión.

Antes de encarnar, nuestra alma es lo más cercano a la energía del arquetipo de El Loco, pues El Loco es libre y sobre él no existen condicionamientos de ningún tipo. Es la única carta del Tarot que no tiene número; sin embargo, de alguna forma, al devenir en el primer arcano (El Mago), comienza la confusión y el olvido del verdadero ser. El Mago olvida quién es esencialmente y comienza a creer en lo que se espera de él, lo que dicen de él y, más aún, lo que todo un sistema de clan atemporal inconscientemente deposita sobre el niño que llega a este mundo.

Por eso El Mago duda y no sabe qué hacer. Su cara lo demuestra. No obstante, para ser parte del clan es necesario tomar la información y los guiones preestablecidos, y hacerlos propios. Esa es la primera y letal lealtad, pues el horror de cualquier niño es sentirse excluido de su familia o que no lo quieran. Consciente o inconscientemente, El Mago decide ser parte y, por ende, ser leal para pertenecer. El tema es que nuestro niño interior no es consciente: es simplemente un niño, no dimensiona que lo que está tomando para sí como una herramienta de manifestación no son cuestiones propias, y muchas veces las hace suyas con mucho orgullo sin estar ni de cerca enterado que lo limitan o lo alejan de su verdadero propósito.

Alejandro Jodorowsky, artista, tarólogo y psicomago chileno, habla de los tesoros y las trampas del árbol genealógico. No toda la trama invisible es nociva, pues también hay tesoros muy bien guardados, prestos a disfrutar o a desarrollarse. Sin embargo, deberíamos elegir tanto los tesoros como las trampas desde la consciencia para integrarlos como más nos resuene, en concordancia con nuestro ser esencial. Pero cada cosa llega a su tiempo. De hecho, en los momentos en que surgen la inconformidad o las preguntas sobre algún rasgo que queremos cambiar de nosotros mismos, se desliza la posibilidad de repensar que, tal vez, eso que nos tensiona de nosotros no es parte nuestra. Y entonces se abre un mundo.

Sigmund Freud, padre del psicoanálisis, fue el primero, en el estudio de la psique, que nos habló de la existencia del inconsciente y lo tradujo al individuo. Cada individuo posee un inconsciente, algo que no ve ni percibe de sí mismo, pero que de alguna manera actúa a través de él. Más adelante, su discípulo Carl Gustav Jung amplió el concepto e instaló la noción de que el inconsciente no solo es personal sino también colectivo, y de que estamos entramados por intersticios culturales que no podemos esquivar del todo, a menos que nos instruyamos y seamos conscientes de esos arquetipos que mueven los contenidos de las construcciones colectivas. Y como es imposible ser o estar por fuera de la cultura, cualquier transformación tiene que darse a través de la observación e integración de la cultura y sus arquetipos.

No somos seres aislados ni tampoco lo son los árboles genealógicos: cada época ha dialogado con ciertas normas y hegemonías que, afortunadamente, han ido cambiando. Por eso es vital entender que la revisión del pasado familiar debería ser enfocada desde una mirada hacia su historicidad y su momento contextual. Muchas veces imaginamos el pasado con los ojos del presente —por ejemplo, vemos a nuestros abuelos como ancianos o a nuestros padres maduros velados por esa imagen actual—, pero en el pasado ellos también fueron jóvenes que respondieron a un contexto social, político y moral del cual no podían sustraerse.

Ya hacia fines del siglo XX la psicogenealogía planteaba la existencia de un inconsciente genealógico o familiar, entendiendo que el inconsciente no tiene tiempo y que algo ocurrido en el pasado del clan familiar, a pesar de que pueda parecer anacrónico, podría perfectamente estar presente hoy pidiendo resolución, desarrollo o continuidad.

Ahora bien, ¿qué pasa si ese inconsciente genealógico nos condiciona de tal manera que de alguna forma funciona como una trampa? Esto podría traducirse en la sensación de que no podemos escapar de ciertas conductas, manifestaciones, vínculos, vicios y sucesos que van aconteciendo y que parecen dominar las situaciones de nuestra vida. Una jaula sin escapatoria que, claramente, la mayoría del tiempo funciona como una jaula de cristal y, en consecuencia, invisible.

LAS OVEJAS NEGRAS

LAS "OVEJAS NEGRAS", LAS QUE NO SE ADAPTAN,
LAS QUE GRITAN REBELDÍA, CUMPLEN UN PAPEL BÁSICO
DENTRO DE CADA SISTEMA FAMILIAR, ELLAS REPARAN,
DESINTOXICAN Y CREAN UNA NUEVA Y
FLORECIDA RAMA EN EL ÁRBOL GENEALÓGICO.
GRACIAS A ESTOS MIEMBROS,
NUESTROS ÁRBOLES RENUEVAN SUS RAÍCES.

BERT HELLINGER

Las ovejas negras de la familia suelen manifestarse oponiéndose a los mandatos, hábitos, creencias, costumbres, pero la mayoría del tiempo no son conscientes de la magnitud de esas fuerzas a las cuales se oponen.

Las ovejas negras son las distintas y los distintos en algún rasgo, o en muchos. Al negarse a replicar o continuar con el legado, suelen ser criticadas, aisladas o castigadas, incluso son violentadas por su propia familia. Estas ovejas perciben inconscientemente las jaulas de la réplica y de los sistemas de creencias limitantes, y se dedican a buscar la salida, cueste lo que cueste.

No es fácil ser ovejas negras; aunque accionan desde el amor, generalmente son incomprendidas, lo que les produce un gran desasosiego. Muchas deciden cortar con los lazos familiares, exiliarse o pelearse con el clan. Sufren porque el contenido del árbol de la familia siempre es el amor, pero la oveja negra percibe, consciente o inconscientemente, que hay que actualizar la forma de manifestarlo; si no, el mismo amor es opacado por formas obsoletas y sin un sentir real.

¿TE SENTISTE OVEJA NEGRA ALGUNA VEZ?

¿CÓMO HA SIDO ESTE PROCESO?

¿A QUÉ CREÉS QUE TE OPONÍAS O NO ESTABAS DISPUESTO A REPLICAR?

Muchas ovejas negras han sentido también el impulso de oponerse a ciertos patrones o hegemonías sociales, pero por diversas razones no se lo han permitido y han dejado reposar, en el silencio del interior, su incomodidad con lo impuesto. Ese silencio no es grato, y recordemos que no solo la voz habla: también hablan nuestros gestos, nuestra mirada y, sobre todo, nuestro cuerpo. El arcano XII, El Colgado, podría hablar de alguien que es consciente y que, al mismo tiempo, tiene miedo a expresar, por miedo al rechazo, sus reales convicciones. El arcano XII puede hablarnos de la muerte en vida, de la anestesia de nuestras convicciones y el dejar fenecer el ímpetu, bajando los brazos ante un mundo voraz que, a veces, parece no darnos tregua.

En este caso se vuelven evidentes y transparentes frases como "Cuando estoy con mis padres, soy lo que ellos creen que soy, mientras que en mi vida soy de otra manera", "Prefiero darles el gusto, aunque yo piense lo contrario, así no se genera un conflicto", "Papá está viejito; prefiero no contradecirlo para no generarle un dolor", "Jamás le diré a mamá y papá sobre cierta ira que padecí al sentirme abandonado por ellos", etcétera.

Ser oveja negra, en principio, es visto como un gran problema. Ser diferente o sentirse minoría no es tarea fácil. Por eso existe resistencia a integrar este personaje de alguna forma antagónico con lo que se venía proponiendo en este guión familiar y social. Ser minoría es entrar en la incomodidad, pues todo nos está llevando a ser parte del gran rebaño, que aparentemente va camino a lo correcto.

Sin embargo, tarde o temprano, la lucha por lo que realmente queremos ser se impone y promueve las acciones necesarias para transformar lo que se da por hecho en algo completamente distinto.

El devenir de las ovejas negras consiste, justamente, en dejar de ser negras y liberarnos de los estigmas construyendo mundos concretos y novedosos, espacios y tiempos donde el amor que yace estancado en el árbol vuelva a ponerse de manifiesto. Ya no tendremos que oponernos a nada para desplegar el ser, sino más bien nos haremos materia a través de los recursos que vayamos adquiriendo en el camino para devenir en colores propios que posibiliten a las generaciones venideras vivir lo más cercanos a la vida misma.

EL IMPULSO GENUINO

EL IMPULSO CREADOR DE LA VIDA ES
LA FUERZA MÁS PODEROSA DEL UNIVERSO.

DEEPAK CHOPRA

El impulso es una fuerza o un motivo afectivo pulsional que nos lleva a hacer algo sin reflexionar previamente. La riqueza del impulso no está tanto en cómo se manifiesta sino más bien en qué brota de allí, o cuál es el trasfondo de ese impulso que se quiere expresar, ya sea en forma de grito, exabrupto, desmayo, llanto, ira, etcétera. En el interior hay un contenido que quiere salir y organizar un motivo. En el Tarot hay una carta que representa esta cualidad energética impulsiva: La Emperatriz.

La Emperatriz es el arquetipo que representa, entre otras cosas, la etapa de nuestra adolescencia, durante la cual la energía de la ruptura se hace presente. En la adolescencia queremos y necesitamos afirmar nuestras propias percepciones del mundo, pues es el gran quiebre con la infancia, donde el mundo y nuestras costumbres (qué palabras usamos, cómo nos vestimos, qué tipo de mirada social tenemos) dejan de ser una réplica de nuestros padres o de quienes nos criaron. Nuestra infancia no es nuestra del todo: es más bien de nuestros padres. Llegar a la adolescencia es tener consciencia de que podemos decidir a partir de lo que sentimos que somos.

Por eso la energía adolescente de La Emperatriz es tan vital, aunque nos lleve a pelearnos (o a explotar) por lo que nos parece justo o, simplemente, a dar espacio y voz a aquello que en nuestra percepción adolescente se muestra con tanta claridad. Pero para eso es muy necesario diferenciarnos, al menos por un tiempo, de nuestros padres, de su ideología, de sus formas de imprimir en nosotros sus propias particularidades y maneras de percibir el mundo, con el fin de tener una oportunidad de detectar rasgos propios, deseos genuinos e impulsos no contaminados ni influenciados.

¿CREÉS QUE EXISTEN EN VOS MANIFESTACIONES GENUINAS, O TODO ES PARTE DE UNA RÉPLICA?

Esto de confrontar duele, y no es casual que en el mismo Tarot compartan el grado numerológico La Emperatriz y el Arcano Sin Nombre (Arcano XIII, también llamada La Muerte), pues la parte dolorosa de la adolescencia, ese adolecer, tiene que ver con el hecho de decir o hacer lo que uno piensa y confrontar a nuestros padres o a quienes nos criaron. Ellos, desde su nivel de consciencia, seguramente no pueden hacer una reflexión sobre lo que se les plantea en su momento, pues muchas veces estas críticas los hieren.

La Emperatriz, como arquetipo de la explosión, contiene el tesoro de la espontaneidad, de la manifestación, sin dimensionar el alcance de lo que podría llegar a generar nuestra expresión. Sin embargo, muchas emperatrices quedan truncas, pues no encuentran un espacio para manifestarse; esa manifestación a veces es romper, y romper es un riesgo: nada vuelve a ser igual. De alguna manera, entre abrir el impulso y guardarlo existe un cambio de paradigma, algo muta para siempre.

Lo interesante de confrontar abiertamente al clan durante la adolescencia es que se genera una diferenciación entre lo viejo y lo nuevo, que en definitiva es parte del mismo árbol, pero abre paso a las nuevas ramificaciones. No obstante, hay muchos árboles que no permiten o hacen muy difícil que lo nuevo tenga su lugar. Es allí donde algunas ovejas negras tienen la difícil tarea de arriesgarse a ser excluidas.

Actualizar los contenidos y permitir el devenir en el árbol genealógico no es fácil y genera muchas resistencias de todos los sectores del árbol. Estar en el lugar de la supuesta minoría no es cómodo. Ser minoría siempre es incómodo, siempre ronda el fantasma de pensar que uno está *fallado*.

Recuerdo que, en mi adolescencia, cada vez que me resistía a algo que querían imponerme, me gritaban inmediatamente defectos en la cara. Me decían que era un mal agradecido y que nada me conformaba.

Evidentemente, dentro de mí pensaba que tal vez era cierto, que era un mal agradecido, y siempre sentía que algo faltaba, lo cual me enemistaba conmigo mismo, al tiempo que la grieta personal se profundizaba más.

En el mundo vegetal, hay determinadas especies cuya planta troncal no permite que, dentro del espacio de su territorio, sus semillas se expandan y logren crecer. En muchos casos esas mismas semillas son tomadas por pájaros y, al ser sacadas del terreno de origen, encuentran un lugar nuevo, fértil y apto para desarrollarse.

La naturaleza abunda en ejemplos maravillosos; sin embargo, los seres humanos no solo somos naturaleza, sino que también estamos condicionados por las estructuras sociales. Cada familia, en su época, ha tenido modelos de cómo debería ser y comportarse, porque vivimos en árboles dentro de contextos de civilización normada y dentro del dogma moral religioso, donde la familia, como reproducción de los valores, es lo más importante. Esto se traduce respetando la tradición. Quiere decir que los árboles genealógicos son sabios en sí mismos, pero están condicionados, según su momento, a contextos sociales y culturales que hacen que los clanes silencien, regularicen o se pongan al servicio del afuera en vez de percibir la lógica interna del árbol. En la naturaleza, cada especie de árbol tiene su propio tiempo, sus propias necesidades y sus formas de sobrevivir.

Es curioso que, en la cultura occidental, no exista ninguna palabra que dé cuenta de la pérdida o muerte de un hijo, pero sí, en cambio, el hijo que perdió a sus padres se denomina *huérfano*, o el que perdió a su pareja deviene en *viudo* o *viuda*. Vivimos en una cultura que idolatra la figura del padre por sobre la del hijo. Inconscientemente, traicionar a los padres es, de alguna manera, perder la identidad, y es también una traición cultural-social.

En la mitología griega, Urano, Cronos y Zeus fueron padres que devoraron a sus propios hijos por temor a perder su poderío. En el caso de Cronos, hijo de Urano, al matar a su padre junto con la ayuda de su madre para detener sus atrocidades toma el poder del padre, pero se transforma en el mismo dictador y devorador que su progenitor. Replica el patrón.

Esta información inconsciente de la cultura occidental acerca de la idea de que el padre es más importante que el hijo, y que sus leyes y mandatos tienen que ser obedecidos, genera angustia pues no hacer caso a una ley tan arcaica acarrea una gran duda y un vacío enorme. No es tarea fácil ser padre, pero tampoco ser hijo. Si pensamos que el árbol genealógico está unido por el amor, claramente este amor está atravesado en primer lugar por la información cultural, que no es para nada constructiva. Y nuestros padres son hijos de otros padres que, a su vez, fueron hijos de otros padres, es decir, un entramado de lealtades que da como resultado nuestra existencia con sus avatares.

Las ovejas negras venimos a poner fin a esta información racionalista y patriarcal cueste lo que cueste, y entendemos que el desafío no es hacer como Cronos (que mata a su padre y se transforma en él), sino procurar no convertirnos en eso para lo que inconscientemente estamos programados, accionando y deviniendo, en cambio, libertad. Muchas veces la cultura, en tanto forma de pensamiento, funciona como una jaula de cristal. Y para devenir, como indica la palabra, tenemos que ir hacia nuevas direcciones. Devenir bajo ningún punto de vista es repetir: más bien es transformarnos en otra cosa integrando y aceptando de dónde venimos, siendo conscientes de lo que se espera de nosotros y entendiendo que eso no hace parte de nuestro norte.

Generalmente, en los libros sobre árboles genealógicos suele haber conceptos difíciles de comprender, y también dolorosos, pues sanar el árbol indefectiblemente es tocar la herida, abrirla, limpiarla y esperar el plazo necesario para que cicatrice. Sin embargo, este libro pretende que cada uno de nosotros, a su propio tiempo y sin tratar de abarcar todos los temas o problemáticas a la vez, apoyándonos en las preguntas disparadoras, podamos indagar para que nuestra conciencia se conecte con lo evolutivo y el deseo propio de movilizar cuestiones con las que nos encontremos.

En los capítulos siguientes, la herramienta del Tarot nos va a abrazar para ayudarnos a detectar de dónde provienen ciertas herencias, por qué motivo se gestaron, dónde estuvieron el miedo y la ausencia de amor, para así, desde el juego sagrado, enmendar en nosotros la herida transgeneracional.

¿QUÉ ES UN PATRÓN?

LOCURA ES HACER LA MISMA COSA UNA Y OTRA VEZ, ESPERANDO OBTENER DIFERENTES RESULTADOS.

ALBERT EINSTEIN

Un patrón es un modelo establecido de antemano sobre el que nos apoyamos y nos adapta a un modus operandi en relación con una acción determinada. Los patrones son guías conscientes o inconscientes que ordenan y dan cauce a nuestro proceder. Son de alguna manera algo seguro, pues un patrón ya está probado con antelación.

En el Tarot, lo más cercano a un patrón es El Emperador, el arcano cuatro, como las cuatro patas de una mesa que otorgan seguridad y estabilidad a cualquier cosa que nos propongamos. Sin embargo, al igual que cualquier patrón de conducta, El Emperador alberga una sombra que tiene ver con la repetición, con la pérdida de autenticidad y de espontaneidad. Constantemente, ante cualquier acción por realizar, tenemos la posibilidad de apoyarnos en el patrón preestablecido o generar una modificación. Evidentemente, es un riesgo no apoyarnos en el patrón.

Cuando un patrón es accionado y genera inconformidad, estamos en presencia de una consciencia de la repetición, que podría ser la puerta de entrada a comprender que hay un automatismo pasible de ser erradicado con un trabajo posterior. Las famosas costumbres automatizadas, en cuya causa nunca nos detuvimos a pensar, allí están, sistemáticas y perpetuas.

Accionar sin pensar es automatizar; devenimos máquinas de consumo, de comportamientos, de emociones, de sistemas de creencias, pero la mayoría de las veces no reflexionamos sobre ellas. Hasta la forma de utilizar y mover nuestro cuerpo es una automatización. ¿Acaso no podemos ir por la casa en cuatro apoyos o rodar por el living en vez de caminar? Obviamente, la comodidad y la economía de energía rigen muchísimo el abanico de comportamientos, pero en general *comodidad* no es sinónimo de que algo esté en la vía de lo vital: al contrario, lo cómodo muchas veces está cristalizado, muerto.

Una vez, una estudiante de Tarot me pidió consejo sobre qué aspecto seguir trabajando para ser una mejor tarotista. Antes de contestar, ya la había observado chocarse con las paredes al caminar por no registrar el espacio físico de los otros. No dudé en decirle que, a veces, para ampliar nuestra esfera de consciencia como tarotistas o terapeutas es necesario hacer danza, moverse, ampliar el registro de lo que conocemos de nuestro propio cuerpo. Nuestro cuerpo, como máquina, es una elaboración sistémica. Está diseñado para generar recursos; sin embargo, nuestro cuerpo, aunque suene cliché, es un verdadero templo donde habitan las respuestas de nuestra alma. Conocer nuestros límites y explorar sobre nuestras posibilidades es fortalecer cualquier tipo de trabajo con otros y con uno mismo.

Es muy probable que, al enfrentarnos a una situación compleja, nos apoyemos en los patrones heredados: fumar, huir, hacer un chiste para evadir una respuesta, victimizarnos, llorar, reaccionar de una forma que, de alguna manera, aprendimos que podía servirnos.

Muchas veces a los patrones de conducta no los hacemos visibles ni conscientes hasta que en un momento necesitamos cambiar algo, y ahí nos damos cuenta de que no podemos escapar tan fácilmente. Se vuelven amarras invisibles con las que poseemos una lealtad inconsciente.

¿TE ANIMARÍAS A ELABORAR UNA LISTA CON ACCIONES INCONSCIENTES QUE REPETÍS TODOS LOS DÍAS, SOBRE CUYA GÉNESIS O MOTIVO NO TE HAS PUESTO A REFLEXIONAR?

¿QUÉ ES UNA LEALTAD INCONSCIENTE?

LAS LEALTADES SON LAZOS INVISIBLES QUE NOS VINCULAN A LOS DEMÁS —LO MISMO A LOS MUERTOS QUE A LOS VIVOS—, SON PROMESAS QUE HEMOS MURMURADO Y CUYA REPERCUSIÓN IGNORAMOS, FIDELIDADES SILENCIOSAS, SON CONTRATOS PACTADOS LA MAYORÍA DE LAS VECES CON NOSOTROS MISMOS, CONSIGNAS ACEPTADAS SIN HABERLAS OÍDO, DEUDAS QUE ALBERGAMOS EN LOS ENTRESIJOS DE NUESTRA MEMORIA. [...]
NUESTRAS ALAS Y NUESTROS YUGOS.

DELPHINE DE VIGAN

La lealtad inconsciente es un pacto que nuestra psiquis realizó con algún miembro del clan, lo hayamos conocido o no. Entendemos por lealtad una conducta, un patrón, una enfermedad, una historia de vida o algo a resolver para alivianar a ese miembro al que le entregamos nuestra energía o bien para sentirnos nosotros mismos incluidos en el vínculo con ese miembro del clan.

Por ejemplo, si vimos a nuestra madre sufrir por una pérdida, es muy probable que le seamos leales y adoptemos ese sufrimiento como propio para alivianar a ese ser querido. También hay pactos de enfermedad, pues enfermamos de lo mismo que enfermó nuestro padre o nuestro abuelo como forma de ayudarlos a cargar con ese dolor. Un padre ausente, por ejemplo, podría generar lealtades en los hijos que, de alguna manera, integran parte de su personalidad benigna o nociva, para sentir a su padre presente, así como también para no padecer el abandono. Suele pasar que somos más leales a los familiares con los que aparentemente tenemos menos afinidad o cercanía, como una forma de unión y fidelidad, como un grito profundo que hace nuestro niño interior para que no lo abandonen.

A menudo parte de la lealtad familiar consiste en silenciar los abusos, tanto los que se dan al interior del clan familiar como los que vienen desde afuera, para preservar la imagen e integridad social. El tema del abuso es doloroso; se trata de una herida que, al silenciarla, por supuesto no sana. Tarde o temprano esa herida vuelve desde su dolor profundo a ponerse de manifiesto. Trabajar sobre el árbol es trabajar muchas veces sobre el dolor, por eso esta propuesta es personal. En el momento que cada uno establezca como necesario y pertinente podrá comenzar el trabajo.

Hay muchos terapeutas que tienden acelerar los procesos del consultante o tarotistas que impactan con "bombas" que duelen tanto que no producen un efecto benigno, al contrario. Es por eso que el proceso querer sanar o enmendar algo de nuestra historia familiar debería empezar siempre por uno mismo.

En primer lugar, debemos aprender a ser cariñosos y evolutivos con nosotros mismos para que en el afuera aparezcan los puentes amorosos que nos guíen y ayuden desinteresadamente, si bien el afuera nos va a visibilizar en la medida en que nosotros mismos nos veamos y nos percibamos. Que el Tarot sea nuestra guía en este proceso es maravilloso, pues es siempre lúdico y lo lúdico no solo nos conecta con nuestro niño interior, sino que también le va dando colores y matices a nuestro proceso.

Desde lo personal creo que sin el ingrediente lúdico es muy costoso y pesado llevar a cabo esta vía. El Tarot me salvó la vida y me guió hacia la liberación y el encuentro del amor, porque sus colores, sus guiños y sus personajes me sirvieron de pretexto (y me sirven hasta hoy) para crear las nuevas narrativas del mundo interno. Al mismo tiempo, con el Tarot puedo ver los antiguos relatos de dolor que fueron quedando como eso: simplemente relatos que pueden y tienen el derecho absoluto de recontarse desde otros puntos de vista.

Bert Hellinger, teólogo y espiritualista alemán, creador de las constelaciones familiares, nos cuenta que pertenecer es una necesidad básica y, por el intento de pertenecer al clan, somos capaces inconscientemente de adoptar un rasgo de un ancestro, ya sea para integrarlo a él o para sentirnos parte de ese lazo. No solo pertenecemos a un clan, sino también a características de nuestra sexualidad, una profesión, una patria. De hecho, la patria, con un sinfín de valores simbólicos, funciona también como jaula de conceptos que nos condiciona y nos hace heredar condiciones poco orgánicas por el afán de sentirnos orgullosamente parte de algo que, en el fondo, no tiene ningún sentido trascendente. Simbólicamente hablando, la patria es un padre.

LA ELECCIÓN DE LA PAREJA

TU TAREA NO ES BUSCAR EL AMOR, SINO BUSCAR Y ENCONTRAR LAS BARRERAS DENTRO DE TI MISMO QUE HAS CONSTRUIDO CONTRA ÉL.

RUMI

La pérdida de libertad que estas filiaciones inconscientes muchas veces traen consigo se vuelve evidente en un tema que a todos en algún momento nos parece trascendente: la elección de una pareja. Los patrones, a través de las lealtades, tienden a repetir historias, personalidades o roles, que generan que de algún modo nuestras parejas respondan a un contrato inconsciente.

Una pareja no es una persona aislada en el mundo que aparece para nosotros, sino que entra en el campo de la posibilidad de alianza al resonar con otros árboles genealógicos que portan historias similares o antagónicas. A través de esa unión, se deja ver un patrón o el intento de continuar una historia truncada en el pasado. Es necesario aceptar que el otro es un signo, una señal de algo, una fuerza, y representa el anhelo de todo un árbol que tiene una necesidad de manifestar.

Ya sé que puede sonar desesperanzador, pero también podemos verlo desde la óptica de que en nuestros vínculos, más que una historia idealizada o romántica, hay más información de la que creemos. Esta noción se puede trasladar a cualquier tipo de vínculo y no solamente una pareja, por supuesto. Sin embargo, en la pareja se unen dos árboles distintos, queriendo ramificar una dirección en común, para potencialmente abrir una nueva fase familiar.

Mal que mal venimos de una pareja, nuestros padres. Es por eso que podemos aprender y encontrar mucho sentido a por qué nos enamoramos de tal persona y no de otra. En el Tarot las preguntas sobre el amor y la pareja son las más habituales: "¿Cómo está mi vida amorosa?", "¿Viene el amor?", "¿Dejaré de ser la amante para que otro me elija?", "¿Por qué siempre tengo parejas que terminan de forma violenta?", "¿Por qué mis parejas se vuelven tóxicas?".

El amor es un concepto amplio y a la vez prostituido. No me siento capaz de hablar de él con soltura, pero sí creo que, para amar, primero tenemos que desaprender los mecanismos de lo que nos dijeron que era amar. Al deconstruir la idea del amor aparece, desde la receptividad más profunda, un llamado. ¿Cuál? El llamado del Ángel que, en la carta de El Enamorado, los personajes no logran percibir (ni al Ángel ni la flecha). Tal vez están muy cegados con sus pequeñas historias mundanas pero, cuando llegamos al arcano XX, El Juicio, el Ángel ya nos mira de frente y podemos entender que el amor no es duda ni conflicto: es un todo absoluto que con su musicalidad no deja espacio para la vacilación. El amor es un llamado a evolucionar; si no, no es amor: es repetición. Es nudo. El amor es impersonal y da cuenta siempre de nuestro nivel de conciencia.

Un caso clásico son las similitudes que existen entre nuestras parejas y nuestros padres o abuelos. ¿Acaso no nos ha pasado que fugazmente se dejan ver las proyecciones que hacemos sobre las personas que elegimos para construir el devenir de nuestro árbol? A veces es muy evidente y se comparten fechas de nacimiento, signos astrológicos, rasgos físicos, profesiones o temperamentos. ¿Qué estamos haciendo al elegir ese patrón repetido? En principio, esto no es adecuado ni inadecuado. Tenemos que ser conscientes y dejar el negacionismo para, al menos, elegir con conciencia ese rasgo y afirmarlo desde el amor y la vida, y no desde la carencia o la omisión de a quien estamos eligiendo hoy como nuestra pareja sagrada.

¿TE ANIMÁS A ELABORAR UNA LISTA DE LAS PAREJAS MÁS IMPORTANTES DE TU VIDA Y PONER AL LADO DE SUS NOMBRES CUÁL ERA EL VALOR SIMBÓLICO QUE VINIERON A MOSTRARTE?

¿DE QUÉ FORMA FUERON MAESTROS PARA VOS?

¿QUÉ ES UN NUDO?

¿QUIÉN HA VISTO UNA SOMBRA
SEPARADA DE SU LUZ?
RUMI

Un nudo es un lugar que no permite visibilidad, algo que quedó amarrado y que no se deja ver. Los nudos son cuestiones o situaciones que quedaron sin resolver en la historia de la familia. En los nudos están los secretos, la sombra, el dolor, las heridas que no se quieren revisitar. Generan muchas veces lealtades y posteriormente patrones de conducta que incluso nos pueden provocar ciertas neurosis.

Una violación oculta en la familia es un nudo; la locura encubierta de algún miembro del clan es un nudo; un suicidio es un nudo; la homosexualidad tapada es un nudo, o algún familiar que decidió cambiar de género y fue olvidado y desterrado también es un nudo.

Un nudo es todo lo que se bloquea para que algo no salga a la luz. La decisión de olvidar un suceso doloroso puede traer consecuencias, pues el árbol y su inteligencia se encargarán de volver a poner de manifiesto el nudo hasta que alguien del clan pueda visibilizarlo, desatarlo para, posteriormente, volver al estado del fluir. Marianne Costa, tarotista francesa, afirma: “Un nudo es un espacio donde hay miedo. Para tratarlo hay que abrirlo como si se tratara de una puerta cerrada”.

¿Cuántos nudos existen en nuestras familias? Seguramente más de los que creemos, ya que permanecen en el secreto o en el olvido de los que fueron partícipes. Un nudo suele esconder dolor y mucha angustia, pues es una especie de autoflagelación del propio árbol, y en ocasiones se trata de la consecuencia de la presión de las normas morales de la sociedad de ese momento. De esa forma, el árbol se autocorrompe desconociendo ese episodio doloroso, pero el inconsciente del clan en algún momento volverá a encarnarlo o visibilizarlo hasta que la herida sea reparada.

¿RECORDÁS ALGO QUE EN TU FAMILIA QUEDÓ ANUDADO, SILENCIADO, EVADIDO?

¿SENTÍS QUE ES EL MOMENTO DE EMPEZAR A ABRIRLO Y TRABAJAR SOBRE ESE NUDO?

REPETICIONES DEL ÁRBOL

QUIEN OLVIDA SU HISTORIA
ESTÁ CONDENADO A REPETIRLA.

MARCO TULIO CICERÓN

Las repeticiones, como cualquier reiteración, son un llamado de atención, porque algo que no tuvo atención ni mirada se repite para ser percibido. Al descubrir cualquier tipo de réplica, estamos ante la posibilidad de tomar conciencia y de ser capaces de abrir la percepción de nuestros patrones de conducta y, así, liberarnos. La repetición es parte de la sabiduría del árbol genealógico, pues a través de la reproducción de hechos, sucesos, fechas, enfermedades, nombres, etc., el árbol se encarga de que algún miembro del clan pueda visibilizar, aceptar y sanar.

Repetir es evidenciar los fantasmas, ya que cuando ocurre un suceso doloroso lo que menos se quiere es que se repita; sin embargo, mientras más se evade, más inminente resulta la repetición.

Las ovejas negras de la familia suelen ser las que se inmolan al no aceptar el patrón repetido y harán lo posible, muchas veces desde el dolor y la incomodidad, para reparar y avanzar. La única manera de que no se siga repitiendo un patrón del árbol es recomponer.

Lo interesante y maravilloso es que el devenir de las ovejas negras es en multicolor: al sanar, se abre el arcoíris de posibilidades para dejar atrás la sombría carga ancestral. Pero, para llegar a lo multicolor o a la multiplicidad de posibilidades, es necesario aceptar la repetición y abrazarla como a un maestro. Eso que se repite nos está queriendo decir algo. Al investigar la repetición y dar consciencia al nudo, podemos trabajar sobre él. Al menos ya no es solo un síntoma, sino que podemos identificar un objeto de trabajo definido.

En la quinta parte del libro, les propongo un juego con el Tarot para investigar de dónde viene la repetición y qué nos está queriendo decir, para luego ritualizar y sanar dándole luz a ese acontecimiento doloroso y llevándolo nuevamente al plano del amor, del equilibrio.

¿PODRÍAS ARMAR UNA LISTA DE LAS REPETICIONES EN TU CLAN FAMILIAR? TE INVITO A INVESTIGAR, PREGUNTAR, ENCONTRAR FECHAS REPETIDAS, SUCESOS QUE TE LLAMEN LA ATENCIÓN, PARA PERCIBIR DE QUÉ FORMA ESTÁN PRESENTES EN TU VIDA.

LOS TESOROS

> EL CUERPO ES COMO UN OCÉANO
> REPLETO DE TESOROS OCULTOS.
> INGRESA A SU RECÁMARA MÁS PROFUNDA
> Y ENCIENDE LA LUZ.
>
> **MIRABAI**

No siempre las repeticiones son nocivas; de hecho, parte de esta misma lógica de toma de conciencia implica la posibilidad de integrar tesoros del árbol. Este punto es muy interesante y acentúa la idea del devenir de las mismas ovejas negras, desde la sombra hacia la luz, desde el sumergimiento del Hades hacia la superficie de la vida. De la pulsión de muerte a la pulsión de vida.

Todos los árboles genealógicos están poblados de tesoros prestos a disfrutarse. Estos son los dones que están ahí a nuestro servicio. Pero, para poder acceder a ellos, primero tenemos que salir del lugar de víctimas y hacer uso de nuestro poder de elección, más allá de cuál haya sido nuestro relato familiar.

De hecho, los hijos adoptados tienen la posibilidad de ampliar el registro creativo y, en la historia familiar, imaginar y hacer conjeturas que pueden estar del lado de la vida. Si tomamos en cuenta que todo es parte de una gran ficción, depende de nosotros hacer que estas ficciones vayan con el fluir de la vida y no terminen aniquilando nuestros horizontes.

No se trata de evadir todo lo que se dijo anteriormente, ni hacer como que no hay nudos, heridas, dolores y frustraciones. Pero en algún momento hay que salir de la sombra, porque en la sombra solo hay ceguera y bloqueo.

La sombra es un estadio de paso; es necesario profundizar en ella, aunque con el afán de salir a la luz verdadera, que está apoyada en la noche. La noche y el día son complementarios, y ambos polos se mueven en constante perfección. Nuestros tesoros, que en verdad son los lugares donde apoyarnos, o virtudes que podemos desarrollar en nosotros que ya están presentes en nuestro árbol familiar. Tomar un tesoro del clan es tomar algo de lo que podemos apropiarnos, hacerlo nuestro, por ejemplo la fuerza de voluntad, el hacernos cargo de emprender, algún talento artístico, etc.

ACEPTAR Y HONRAR

LOS VIAJES SON LOS VIAJEROS.
LO QUE VEMOS NO ES LO QUE VEMOS,
SINO LO QUE SOMOS.
FERNANDO PESSOA

Aceptar y honrar a nuestros antepasados, partiendo de nuestros padres, es vital para liberarnos de las historias que acongojaron sus vidas y las de nuestros abuelos. Si vivimos en la queja constante y seguimos soñando o deseando que hayan sido distintas nuestras circunstancias de vida, continuaremos presos de ellas.

Una vez que nos damos cuenta de los patrones y que identificamos lo que no nos pertenece, a veces dando en el clavo exacto de dónde viene esa información y a veces no, es necesario aceptar. Creo profundamente que ciertas actitudes receptivas son la medicina para el alma: aceptar requiere de receptividad. Muchos se estarán preguntando: "¿Cómo aceptar a mi padre alcohólico o maltratador?", "¿Cómo aceptar la violencia sistemática?", "¿Cómo aceptar el abuso?".

Entiendo que aquí entro en un terreno delicado y contradictorio pero, si realmente queremos sanar, tenemos que aceptar y no solo aceptar, sino también honrar a esos padres que fueron vehículo para la consciencia que hoy podemos manejar y posibilitadores de la vida que hoy podemos vivir. Honrar es liberarnos, es darles el lugar a los personajes de los relatos felices y no tan felices, y dejarlos ir porque, sin importar lo que haya pasado, nada ni nadie es más importante que nuestro propio camino.

Estoy convencido de que las experiencias traumáticas pueden reescribirse. No hablo de evadirse, ni siquiera de perdonar: hablo de aceptar y honrar, porque hasta el dolor más grande y la injusticia más feroz nos sirven como maestros que nos construyen, y sin las vivencias no seríamos lo que somos hoy.

Todas las violaciones que sufrí a mi integridad en mi infancia las trabajo aceptando y honrando, para no vivir más en el pasado ni atado a ellas, pues justamente lo que desea el arquetipo XV, El Diablo, cuando está en su peor versión bizca y estancada, es mantener atados a otros a su retorcimiento. Su incapacidad de demostrar afecto o la necesidad de apoderarse de otro para sentirse poderoso nos quiere vampirizar, nos quiere tener atados al odio, al resentimiento, a la muerte. Pues no: podemos elegir vivir. En principio, como detector de los trabajos de sanación, hay que identificar si estamos pudiendo aceptar y honrar. No somos súper humanos, pero cuando podemos hacerlo, luego de un trabajo de consciencia donde la vida y el fluir de nuestro propósito son lo más importante, podemos dejarlos ir poco a poco, y nos daremos cuenta de que, en la medida en que nos liberemos, comenzarán a abrirse nuevas circunstancias y perspectivas.

La carta XX, El Juicio, habla de esto. Aparece un ángel enorme con una trompeta, llamándonos. Para poder ir tras ese llamado es necesario despedirnos de nuestras filiaciones, ya que venimos a crear y continuar la vida, y no a repetir historias no resueltas o caer presos de rencores y dramas de una obra de teatro en la que nunca elegimos actuar.

¿EXISTEN PERSONAJES DE NUESTRO SISTEMA FAMILIAR A LOS QUE NO HEMOS PODIDO PERDONAR?

¿CON QUIÉN CREÉS QUE PODRÍAS APLICAR LOS CONCEPTOS DE ACEPTAR Y HONRAR, AUNQUE HOY NO TE SEA POSIBLE, AL MENOS SABIENDO QUE ALGO DE ESE VÍNCULO TE ATA?

TESOROS Y TRAMPAS EN NUESTRO NOMBRE

LO QUE PUEDES PLANEAR ES DEMASIADO
PEQUEÑO PARA TU VIDA.
LO QUE PUEDAS VIVIR CON TODO EL CORAZÓN
HARÁ PLANES SUFICIENTES.

DAVID WHYTE

Para terminar este capítulo, les propongo reflexionar sobre la información que poseen nuestros nombres. Allí también hay tesoros y trampas que determinan parte de nuestra personalidad y cómo los demás nos ven y lo que esperan de nosotros.

A veces son nombres repetidos de algún ancestro que quiere manifestarse a través de nosotros. Existen nombres que tienen reminiscencias mitológicas; de personajes de novelas, películas, actores. Hay nombres que hablan de estados de ánimo, que son adjetivos, trabalenguas o juegos de palabras que nos hacen resonar con algún concepto con el que se emparenta.

Generalmente nos acostumbramos a su enunciación perdiendo los detalles que se deslizan de nuestra forma de nominarnos. Nuestro nombre vendría a ser una especie de enunciado o título de nuestro relato de vida; por eso es vital acentuar y resignificar en ellos los valores y las fuerzas que nos conecten con la vida. A veces es bueno investigar por qué nos pusieron ese nombre, a qué remitía, quién lo eligió, para tener datos claves que nos permitan activar o desactivar ciertos influjos de nuestra personalidad.

Ningún nombre es bueno o malo, pero podemos develar su contenido para decidir qué queremos manifestar de ellos y qué no. Por supuesto, también es posible cambiarnos el nombre, abreviarlo, alargarlo, pues tenemos todo el derecho de elegir el título de nuestro personaje.

En la tradición, siempre son los padres los que deciden sobre sus hijos ese enunciado de vida. Antes de cambiarlo es aconsejable averiguar: donde creemos que hay sombra, en la mayoría de los casos se esconde un tesoro.

Los invito a que escriban su nombre completo y lo desglosen de dos maneras: primero, desde la historicidad. Por ejemplo, si es un nombre de algún personaje de ficción, qué valor simbólico tiene, si se repite con el de algún familiar, qué carga e información trae consigo.

Segundo, desde las palabras escondidas que hay detrás de ellos, como una sopa de letras, ir buscando palabras nuevas que se ocultan detrás del aparente enunciado, para resignificar lo que somos y lo que creemos que podemos ser.

Ojalá lo disfruten y encuentren nuevas perspectivas del nombre. Nada es casual y, seguramente, puedan atesorar lo que encuentren como aliado de vida.

TERCERA PARTE

TAROT & GENEALOGÍA

DIMENSIÓN GENEALÓGICA DEL TAROT

SI SACAS AFUERA LO QUE ESTÁ ADENTRO,
LO QUE ESTÁ ADENTRO TE SALVARÁ.
SI NO SACAS AFUERA LO QUE ESTÁ ADENTRO,
LO QUE ESTÁ ADENTRO TE DESTRUIRÁ.

EVANGELIO SEGÚN SANTO TOMÁS

El Tarot posee, como las capas de una cebolla, múltiples accesos de profundidad para ser interpretado. No siempre se accede a lo más hondo inmediatamente, y en general se aprende a leer desde sus primeros rasgos sígnicos, que son los más cotidianos. Es por eso que el Tarot, desde su simpleza, nos puede devolver la energía disponible para una situación de una manera sencilla y llana. También se podría complejizar cuando hablamos de cualidades energéticas disponibles, ciclos de vida, procesos de evolución de una situación, hasta la representación y el valor simbólico de las personas que van apareciendo y acompañando nuestro camino.

Sin embargo, el acceso más profundo del Tarot es al inconsciente genealógico, integrando información vigente ocurrida hace décadas o, incluso, un siglo. Es allí de donde extrae información sobre algo que queremos hacer consciente de nuestros antepasados. Por alguna razón, esto se replica a través de las generaciones, y de alguna manera lo percibimos en nosotros mismos como una carga o excedente de nuestra vida. Es importante entender que el Tarot evolutivo, más que devolver una narrativa cerrada, devuelve el área del mapa donde es posible hacer foco.

Cuando nos pensamos, gráficamente, como parte de un árbol tendríamos que situarnos en alguna ramificación que quiere extenderse y expandirse hacia nuevas posibilidades y aperturas. No todos los árboles tienen las mismas cualidades: existen árboles que dan ciertos frutos; otros se caracterizan por poseer determinadas flores, distintos grosores y funcionalidades; otros son capaces de adaptarse a climas específicos, etcétera. Es interesante identificar a qué tipo de árbol pertenezco para tener mayor comprensión de los tesoros y sus trampas. Sin embargo, no olvidemos que todos los árboles están conectados por sus raíces y, si pensamos en el pasado generacional, todos venimos de la misma raíz, que fue deviniendo en multiplicidad de especies.

El Tarot, desde su enfoque evolutivo, nos entregará herramientas para situarnos en los lugares que nos corresponden en ese entramado genealógico, y para identificar inversiones de lugares o de roles dentro del árbol: que la flor no quiera ser flor y decida arbitrariamente ser tallo, una hoja nueva que esté malgastando su energía en sostener una rama insostenible, que en definitiva es cuando mamá no quiere ser mamá, o cuando papá está esperando que todos se hagan cargo de sus emociones, o que los responsables de un abuso dentro del clan sigan abrazados al silencio, etc.

Es evidente que los padres son los que tienen el deber de sostener energéticamente a los hijos, y no al revés. Sin embargo, ¿cuántos hijos hacen el rol de padres o ayudan en su tarea perdiendo energía vital para ocupar el lugar que sí le corresponde?

El trabajo del árbol es sistémico. Esto quiere decir que cada miembro se ubica en un lugar del sistema, pero cuando un integrante se resiste o se niega, consciente o inconscientemente, a ocupar ese lugar, se genera un vacío que muchas veces nos vemos obligados a llenar, dejando nuestra tarea, nuestro lugar, para suplir una falta. El Tarot nos muestra eso: los lugares que adoptamos, esos que no nos corresponden sistémicamente.

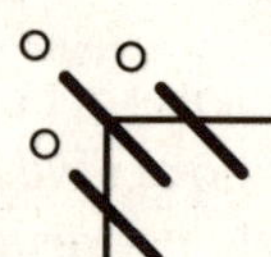

Vamos a reconstruir el esquema de nuestro árbol genealógico para ubicarnos dentro del mapa familiar.

Necesitaremos nombres, apellidos e idealmente, si es que queremos profundizar, podemos incluir fechas de nacimiento, de casamiento y de defunción, más que nada para identificar si existe alguna repetición.

En principio bastará con los nombres o los nombres de pila para literalmente dibujar el sistema familiar.

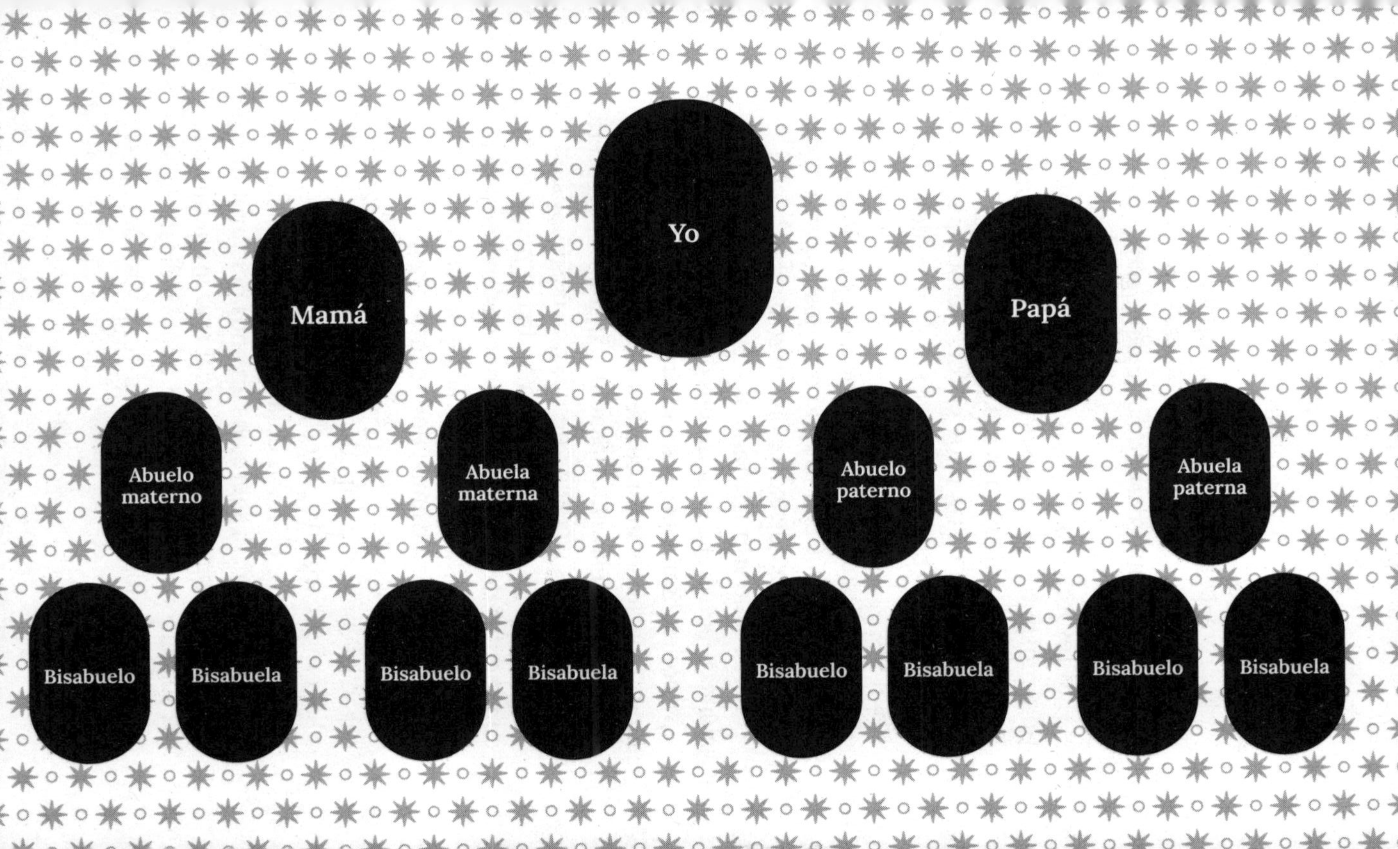
Yo
Mamá
Papá
Abuelo materno
Abuela materna
Abuelo paterno
Abuela paterna
Bisabuelo
Bisabuela
Bisabuelo
Bisabuela
Bisabuelo
Bisabuela
Bisabuelo
Bisabuela

El árbol, como ya dijimos, está poblado de tesoros y trampas que muchas veces, a través de nosotros, se manifiestan configurando parte de nuestros patrones de comportamiento.

Los tesoros son aquellos regalos inconscientes que podemos integrar, que pertenecen a nuestro propio linaje y que, de alguna manera, nos corresponden. Podemos apropiarnos de ellos porque somos parte. Por ejemplo, ir en busca de ciertos talentos, desarrollar algún oficio, adquirir rasgos que potencien nuestros objetivos presentes, integrar fortalezas y logros, etcétera. Los tesoros son todo lo que nos conecta con la pulsión de vida que existe en nuestro árbol.

Por el contrario, las trampas son aquellas manifestaciones repetitivas que sentimos que no nos pertenecen y no podemos manejar. Están cargadas de la pulsión de muerte: vicios, enfermedades, traumas, depresiones, fijaciones obsesivas, celos, culpas, abusos, etcétera. Queremos deshacernos de ellas, necesitamos cambiar, pero se nos hace cuesta arriba, a pesar de ser conscientes de que no habría motivos aparentes para integrar esa faceta. En este caso, podríamos estar en presencia de una trampa que seguro se está manifestando en nosotros para que justamente la veamos, la hagamos consciente y podamos de algún modo sanarla o hacernos cargo de ponerla en movimiento.

¿Cómo sirve el Tarot de aliado para esta búsqueda genealógica? Primero, los arcanos del Tarot darán cuenta de las partes del rompecabezas arquetípico de nuestro inconsciente familiar. Y podrá indicarnos dónde aparecen los vestigios de historias, resonancias y resoluciones de otros miembros del clan. Preguntar al Tarot por cuestiones genealógicas es abrir la mirada, es salir de la pequeña percepción de eso que vemos para desplegar un mapa más amplio, es casi como un trabajo de arqueología donde los pequeños síntomas que vivimos en el cotidiano pueden transformarse en puentes a nuevos mundos, hasta ahora desconocidos.

La pregunta es clave, porque en esa pregunta ya estaría contenida una parte de la respuesta. Cuando preguntamos, ya somos conscientes de algo. Nos toca hacernos cargo de eso de lo que ya somos conscientes, y el Tarot nos ayudará como una herramienta de apoyo para corroborar, acentuar, focalizar y abrir nuevas perspectivas de la misma inquietud.

La pregunta no siempre tiene que ser concreta o cerrada; al contrario, también puede ser abierta o dar cuenta de una sensación que percibimos, o simplemente pedir una guía para este momento respecto de cierta situación. Por ejemplo: ¿De dónde proviene determinado rasgo que percibo en mí? ¿Cuál es la génesis de esa emoción repetida? ¿Dónde se puede encontrar el atisbo del nudo que estoy empezando a sentir?

Hay que estar abiertos y atentos, pues muchas veces el Tarot nos orienta a abrir la mirada; de hecho, ese es el objetivo de utilizar esta herramienta. Cualquier proceso terapéutico tendrá éxito si logramos ampliar la mirada respecto de lo que estamos transitando. Por un momento el Tarot nos saca de nosotros como egos, o yoes, y nos pone en una supramirada capaz de distanciarnos del contexto que nos agobia.

En el inconsciente no existe el tiempo lineal; por ende, no hay pasado ni futuro. Como el Tarot trabaja con el presente, nos indicará qué aspecto del inconsciente que pudo haber ocurrido hace muchísimos años se está manifestando aquí y ahora, ante nuestros ojos, simplemente al ver una imagen del Tarot.

Luego cada carta o cada arquetipo nos podrá indicar un relato genealógico o espejar directamente a un miembro del clan; incluso podremos hacerlas hablar entre ellas, escribir sus diálogos, sentir sus emociones o reconciliar sus partes en pugna, todo desde el juego.

EL TAROT GENEALÓGICO

Al tiempo que se elaboraba este libro, hemos trabajado junto a Victoria Regner, ilustradora y artista visual, en un Tarot que condensara de manera gráfica y sensible el contenido que aquí presentamos. Nos hemos propuesto crear juntos el Tarot Genealógico, para que podamos jugar a preguntar temas relacionados con el clan familiar, o lo que queramos.

La baraja que ilustra este libro, a mi modo de ver, posee imágenes intensas, sugerentes, que dan cuenta del entramado de la sabiduría de la naturaleza, la animalidad y lo humano. Estamos convencidos de que ser ovejas negras hoy es desarrollar una consciencia planetaria, aunque eso todavía despierta mucha resistencia, sobre todo al abandonar la idea de que no somos, como especie humana, más importantes que un animal, un árbol, una montaña y el suelo que pisamos.

Somos parte de un ecosistema donde la multiplicidad de especies e inteligencias genera un todo armónico. El Tarot también es una totalidad armónica, un cuerpo diverso presto a manifestarse desde sus distintos matices. Pensar en genealogía es pensar sin jerarquías, pues la multiplicidad acciona desde sus intensidades y sus conexiones. Desde esta consciencia podremos acceder a la consciencia cósmica, que abarca una mirada del universo más amplia que lo que conocemos como individualidad.

Hoy todo trabajo espiritual debería estar apoyado primeramente en nuestra noción de cuerpo: el planeta Tierra, el cuerpo humano, el cuerpo mineral y vegetal como principio de vida. Si no cuidamos el hábitat, no habrá posibilidad de devenir en nada.

En palabras de Victoria Regner, ilustradora de *Tarot genealógico*:

Tomando como premisa que los seres humanos portamos con una historia genealógica vinculada a la tierra como núcleo de nuestra existencia, pensamos que el relato de este viaje tendría que estar atravesado por esa conexión ancestral. Surgió entonces la necesidad de una representación visual donde el ser humano, la flora y la fauna se fusionaran de manera poética. El primer nivel de lectura con el que nos encontramos está enmarcado en lo genealógico y su protagonista es el árbol como eje central y también arquetípico. Todos los estadios de su crecimiento están vinculados al desarrollo del ser humano. Así el árbol es semilla, brote, ramificación, florecimiento, fruto y muerte. Encontramos estos estadios dialogando con los arcanos, integrándose dentro del relato ilustrado: en La Papisa, por ejemplo, la interioridad está amparada por el abrazo de las ramas; en El Enamorado, dos genealogías se entrelazan para dar a luz una nueva identidad; en El Ermitaño, una ramificación añosa guarda entre sus pliegues la sabiduría adquirida de lo vivenciado.

En un segundo nivel de lectura, se recorta la figura humana en función simbiótica con el entorno que habita. Esta se desenvuelve integrada, hasta por momentos camuflada por la voluptuosidad de la naturaleza.
De esta manera, observamos a La Emperatriz que florece desde adentro o a La Fuerza en una pugna infinita entre reprimir o soltar.

La instancia de lectura que cierra la tríada está vinculada a la fauna. Me interesó en particular el concepto de Animales de Poder que se desprende de las prácticas chamánicas no solo porque le atribuyen características simbólicas a diferentes animales sino también porque estos se manifiestan como guías y maestros, reforzando la relación de reciprocidad que nos amalgama.
Descubrimos entonces al Emperador con el Águila que lo ayuda a ver en perspectiva o La Justicia, encarnada en el búho, que le aporta agudeza a su observación, reflexión y sabiduría.

Se cierra un capítulo de este viaje que comenzó como un chispazo de sincronicidad. Fue un camino donde intervinieron el diálogo, el aprendizaje, la investigación, la creatividad y la magia. Mi deseo es que nuestro Tarot esté al servicio de aquellos que lo consulten y que el misterio los siga interpelando.

CUARTA PARTE

PEQUEÑO MANUAL DEL TAROT EVOLUTIVO

EL TAROT ES UN JUEGO

> CUALQUIERA QUE SEA TU DESTINO, LO QUE SEA QUE PASE, DI: "ESTO ES LO QUE NECESITO". PUEDE PARECER UN DESASTRE, PERO TÓMALO COMO SI FUERA UNA OPORTUNIDAD, UN DESAFÍO. SI LLEVAS AMOR AL MOMENTO, EN LUGAR DE DESALIENTO, ENCONTRARÁS LA FUERZA AHÍ.
>
> **JOSEPH CAMPBELL**

En este capítulo te propongo que descubras, a través del viaje de los 22 arcanos mayores del Tarot, tu propio viaje, tu momento actual, tus resistencias, tus patrones, tu propio estilo de ver las cartas. Lo que importa es que sea de utilidad si te gusta leer el Tarot, y también como ejercicio que te pueda preparar para entrar en la sintonía creativa y de autoconocimiento. No se necesita experiencia previa en Tarot; justamente la idea es que de estas líneas puedas extraer resonancias para que luego, en el último capítulo, puedas ponerlas en acción de forma intuitiva.

Si hay algo que atraviesa la historia del Tarot y engloba la gran mayoría de sus enfoques, es la noción de que el Tarot es un juego. Los niños juegan y creen vehementemente en lo que juegan; esta ficción deviene en ellos inconscientemente en verdad, intensidad y construcción de sentido. Es por eso que la aparición de una verdad radica principalmente en la irrupción del sentido interno; si no aparece el sentido, no habría que forzarlo. Y si aparece, no hay que tomarlo como verdad absoluta, sino más bien disponerlo como detector o guía para sentir, percibir y poner en movimiento los contenidos que se desprenden.

Tal vez el Tarot nos invite a ser como niños y aceptar el misterio como parte de nosotros para que, al mismo tiempo, se convierta en una posibilidad creativa ilimitada, una especie de poética de vida, donde seamos creadores y participantes de los juegos que construyen sentido, y permitan recobrar la conexión con lo vital y con lo sagrado que habitan el tejido personal y colectivo.

El niño, cuando juega, no tiene miedo a cambiar de personaje, disfraces o roles, pero para cambiar primero es necesario comprender dónde estamos, las reglas de ese juego, cómo es ese mapa, sus posibles recorridos y cuál es la calidad de esos trazos, si fueron dibujados por nosotros mismos o hubo otro arquitecto que diseñó las reglas del juego (por ende, nuestras facultades de habitar en la vida). Ver el mapa de nuestra vida implica tomar consciencia y aceptar ese lugar donde estamos parados.

Los relatos que construyen el mapa de la vida son solo ficciones contadas de generación en generación, que se van adecuando y adaptando a los cánones sociales, familiares y culturales, para luego incidir directamente en el campo de lo personal. Lo personal no estaría excluido del tejido colectivo; al contrario: dialogan constantemente. Sin embargo, la toma de conciencia permitiría asumir los hilos que direccionan nuestras vías de movimiento para hacernos cargo de la impronta creativa del mismo existir. Leer el Tarot es crear.

Leer el Tarot es jugar con los hilos y sentidos que construyen la realidad. Nada es real, y por lo mismo, podemos reescribir el relato del mapa de nuestra vida.

Construiremos el mapa de un terreno o de una situación entendiendo que solo es posible vincularnos a través de la cartografía de esos relatos. Es importante recordar esto: el mapa no es el terreno y lo que se cuenta o se sabe de una situación no es la situación en sí misma; sin embargo, para interpretarlo es vital acercarnos a través de un mapa o un relato.

Cuando leemos a un consultante, es fundamental saber escuchar e ir construyendo el mapa de su vida, siempre entendiendo que se trata de una graficación sígnica, una forma de relatar o cartografiar lo inenarrable.

¿CUÁL CREÉS QUE ES LA RELACIÓN ENTRE LA VIDA Y EL JUEGO, DONDE NOS PERMITIMOS ENCARNAR ROLES Y PERSONAJES?

¿VIVIR SERÁ PARTE DE UN JUEGO? ¿QUIÉN PONE LAS REGLAS DE ESE JUEGO?

¿TE PERMITÍS JUGAR LA VIDA?

EL JUEGO DE ESPEJAR

Una de las tantas funciones de los 22 arcanos del Tarot es la de espejar la conciencia. Al mirar las cartas como espejo, nos dan una devolución de algún aspecto de nosotros mismos que queramos (y podamos) ver.

No siempre es posible poner en palabras lo que el Tarot nos espeja; sin embargo, ahí radica el desafío, al menos el de la tarología: traducir ese espejo en verbo, en palabra y, ¿por qué no?, también en gesto.

Traducir para comenzar a comprender, en todos nuestros planos de percepción (mente, cuerpo, emoción y pulsión), cuáles son los mecanismos por los que procedemos y construimos nuestros relatos.

Hace rato que dejamos de pensar las cartas del Tarot como un listado de conceptos estáticos, como una receta de cocina donde los significados son inamovibles. Hoy ya no queremos conceptos cerrados; hoy devenimos lo abierto que es, ni más ni menos, todo lo que tiene posibilidad de mutar. Las cartas no significan nada fijo, sino que más bien funcionan en movimiento como acontecimientos donde se espejan los sucesos de la vida. Si le damos un significado fijo a cada carta, no estamos en el terreno evolutivo. El Tarot es un espejo del movimiento de todo lo vivo.

En cuanto a las relaciones interpersonales, por ejemplo, pensarnos en función de vínculos en vez de relaciones resulta más vital para la noción de movimiento. Las relaciones poseen reglas implícitas, cerradas;

en cambio, los vínculos son puentes de conexión que están de alguna manera pidiendo ser creados y comprendidos constantemente. Pensar en función de vínculos es pensar en movimiento.

La propuesta comienza de forma muy simple: a través de la mirada de las cartas, primero desde una, para luego armar frases y relaciones sencillas, pero que resuenen honestamente en nuestro interior. Si resuenan, estamos en el espacio del espejo; si no resuenan, es mejor no poner tanta energía, porque ahí no está lo que buscamos. Haremos el viaje carta a carta, y también dejaré propuestas de trabajo para poder encontrarnos con el arcano vivencialmente.

Es necesario poner en contexto algunas herramientas previas que vamos a llevar con nosotros en esta travesía. Si bien no trabajaremos desde un lugar dogmático, les compartiré ciertas nociones del enfoque de trabajo para que sumen elementos que les resuenen, tanto la premisa del viaje de El Loco como algunas posibilidades que se juegan en cada estadio de ese viaje.

No olviden que son solo posibilidades; si hay cosas que no les resuenan, recomiendo no dejarse estancar por la negatividad y poner sus propios trazos para hacer de este viaje una experiencia enriquecedora.

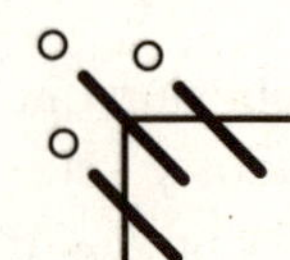

Te propongo que durante un tiempo elijas una carta diaria y que esa carta te acompañe en el día.

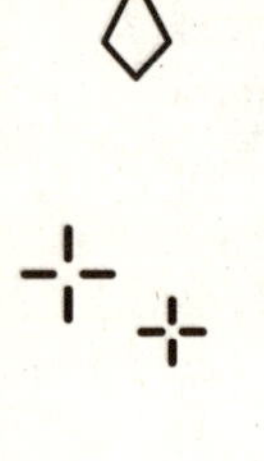

Podés dejarla en tu altar o llevarla contigo; no intentes interpretarla, dejá que simplemente lo que tenga que manifestarse se manifieste. A veces puede ser algo muy literal, y a veces alguna energía que la carta proponga.

A través del tiempo y la intimidad que irás logrando en tu día a día con las cartas, ellas comenzarán a hablarte.

Estar en sintonía creativa es estar en comunión con la vida, con lo esencial. Y esa energía es espiritual. En lo personal, el Tarot ha sido y es una forma de conectar con mi ser creativo-espiritual sin juicios morales, sin culpas, sin religión y sin reglas que me atan a sistemas de creencias ajenas y anacrónicas. Pero también es cierto que hay que estar dispuestos a espejarnos en el viaje y reconocernos en los estadios en que se encuentran los distintos procesos de nuestra evolución.

Ninguna carta de Tarot es negativa o positiva, y bajo ningún motivo las vamos a calificar en términos morales: buenas o malas. Una misma carta puede estar vibrando en su estadio fluido o estancado. Tampoco recomiendo verlas desde una perspectiva binaria: nada nunca está totalmente fluido y nada está totalmente estancado.

Pensemos que cada carta posee un abanico de tonalidades, desde las más oscuras y sombrías hasta las más luminosas y coloridas. Ni lo sombrío es malo, ni lo lumínico es bueno: son cualidades de las cosas. Y entre un extremo y el otro existe un sinfín de tonos diversos, pues hace rato que el mundo binario está deviniendo en múltiple.

UN TARÓLOGO NUNCA DEBERÍA PROYECTAR SU MORAL CONSTRUIDA SOBRE UN OTRO: LO QUE NOS PARECE BIEN O MAL NO SERÁ IGUAL PARA LA PERSONA QUE TENEMOS EN FRENTE. LA MORAL ES TAMBIÉN PARTE DEL EGO Y PARA LEER EL TAROT, AL MENOS COMO PREMISA, DEBEMOS INTENTAR DEJAR NUESTRO EGO DE LADO.

Las cartas que salen en una lectura son energías disponibles; no habría que rechazar ninguna, sino más bien identificar cómo nos relacionamos con ellas aquí y ahora.

Nuestro trabajo como lectores de Tarot será ayudar con la toma de conciencia del consultante o de nosotros mismos para volver a la organicidad del movimiento subyacente en todas las cosas vitales. No haremos juicios, no diremos qué tiene que hacer o qué no tiene que hacer el consultante; no estigmatizaremos una conducta, no adivinaremos, no nos tomaremos el poder que se nos otorga para abusar intelectual o energéticamente de nadie. Al contrario, trataremos a los consultantes como a nuestros niños interiores: desde el corazón y con una escucha sin juicio, donde simplemente orientaremos las energías disponibles para que tal vez el mismo consultante pueda relacionar esas fuerzas con su propia historia, mientras nosotros acompañamos el proceso, dispuestos a accionar según lo que la situación y el diálogo pidan. Cada lectura de Tarot es diferente, y no existen fórmulas. Para mí, la única premisa es leer desde el corazón y desde un estar en el presente. Suena fácil decirlo pero, en la práctica, es nuestro yoga diario: estar.

A veces es mejor generar buenas preguntas o disparar temas a través de las cartas que se eligen, más que lanzarnos a adivinar cuestiones infructíferas. Pues si existiese la verdad, estará al interior del consultante o de nosotros mismos. A través de las cartas los tarólogos ayudan a que cada uno encuentre su propia verdad.

¿QUÉ SON LOS ARQUETIPOS?

Los arquetipos son los patrones que configuran el inconsciente colectivo. Son culturales, y los compartimos entre todos los humanos. Igualmente, cada ser humano se vincula con esas imágenes interiores de diversas formas afectivas.

Los arquetipos nos orientan para determinar en qué parte del mapa psíquico y energético estamos resonando, pero el contenido de cada arquetipo es personal y está condicionado por la vivencia, porque cada ser humano se vincula con sus arquetipos de modo distinto.

A veces se confunde arquetipo con estereotipo, y no son lo mismo: el estereotipo es una réplica sin contenido de un arquetipo, generalmente puesta al servicio de una dominación masiva. Las modas y propuestas del mercado contribuyen a que, en vez de acceder a las energías arquetípicas con fluidez, terminemos presos de estereotipos que dibujan y/o acartonan nuestra expresión vital devenida en cliché. El ser genuino nunca es cliché: al contrario, si activamos nuestro centro creativo, las formas que puede adoptar un arquetipo en nosotros siempre tiene la posibilidad de ser auténtico y único.

EL LOCO

EL LOCO

El Loco del Tarot, el único de los arcanos mayores que no tiene número y deviene con los siglos en el comodín de la baraja popular, es el encargado de darle vida a cada estadio que transita. Arquetipo camaleónico y energético, viaja hacia Le Monde (El Mundo, arcano XXI), a su realización total, que es la última carta numerada de los arcanos mayores. Él va a realizarse venciendo obstáculos que no tienen otra función que ampliar su consciencia para completar ciclos en este plano de la encarnación. El camino del Loco es la vía de la evolución.

El Loco está en todas partes del mazo y de nuestra vida; acompaña nuestro recorrido en el plano de la materia, recordándonos todo el tiempo que somos más que materia. Sin embargo, mientras vivamos en esta realidad física, nuestro primer y más certero conector con el alma o ser esencial es nuestro cuerpo. Sin cuerpo, el arquetipo del Loco se vuelve difuso, incomprensible, disperso y conflictuado con los temas concretos de la vida; sin embargo, las formas, los cuerpos y las cosas que hacemos sin la energía del Loco son formas sin contenido, simples cáscaras vacías.

Algunas teorías sostienen que El Loco es el inicio del Tarot; no obstante, desde mi óptica no lo es, pues podría ser también el final. Más bien está presente en todas las cartas del Tarot y en todo lo que transitamos en la vida; El Loco es el que activa y da vitalidad a los moldes psíquicos de los arquetipos, brindando vida a los formatos que atravesamos en esta dimensión material. Sin El Loco no hay vida, pues él es nuestra alma, esa parte que no cambia pero que, paradójicamente, permite que todo esté en constante transformación.

Si bien El Loco es libre, debe asumir la dimensión concreta en la cual volcar su esencia. Todo el tiempo su energía está dejando algo para ir a integrar otra forma, ya que es camaleónico. Él es empujado por su instinto para integrar consciencia y para que, en definitiva, el paso por este mundo de la encarnación no sea en vano: venimos a evolucionar y a dar cuenta de esa evolución a través de nuestros procesos cíclicos. Es por eso que El Loco necesita orientación, objetivo, vía y cauce de su enorme energía. En el Tarot, el que orienta el andar de El Loco es Le Monde o El Mundo, pues esa mujer es el principio femenino o receptivo que imanta el viaje de El Loco hacia un destino desconocido pero fundamental, como la vida. Todos sabemos que estamos yendo a algún sitio sin saber adónde.

A nivel genealógico, representa la energía esencial que no está condicionada por las *jaulas* de la sociedad ni de la familia. El Loco no tiene padre, ni madre, ni nacionalidad; es, en esencia, lo que es. Y esa esencialidad viaja con nosotros a pesar del olvido evidente del alma que se genera al nacer, y podemos acceder a él cada vez que lo necesitemos, aportando la disolución de todos los miedos, incluso el miedo a morir: él sabe perfectamente que somos seres espirituales que vivimos una experiencia terrenal. También podría hablar de un ancestro que estaba desconectado de las cuestiones mundanas, alguien sin raíz.

COMO AMULETO, El Loco puede otorgarnos coraje y apertura de caminos para facilitar las vías de acción. También abre mentes y libera corazones.

¿QUÉ ES PARA VOS LA LIBERTAD?

¿EN QUÉ MOMENTOS TUVISTE ESA SENSACIÓN?

¿QUÉ PARTES TUYAS SON LIBRES?

XXI
EL MUNDO

EL MUNDO XXI

Cuando en este viaje nuestro Loco llega al Mundo, podemos acceder a nuestra integración y realización total. El Mundo es un objetivo, una brújula hacia donde dirigir nuestras energías; cuando entramos allí, se posibilita la plenitud para luego volver a comenzar un nuevo ciclo. Representa un final o una imposibilidad de cerrar y volver a comenzar.

Sin embargo, el mundo nos enseña que ese mundo que creemos fuera de nosotros es la representación del mundo interno que construimos. Ese adentro vive en consonancia con ese afuera. No somos parte de ningún mundo: somos el mundo. Lo ideal es que el mundo funcione como un objetivo de ruta, pues es un arquetipo que tiende a cristalizarse rápidamente.

A nivel genealógico podría dar cuenta de un espacio de gestación similar a un óvulo materno. Algo se está realizando al tiempo que necesita nacer.

En este arquetipo, junto a la mujer del centro, aparece el mandala del Tarot y sus cuatro elementos:

EL BUEY, EL ELEMENTO TIERRA: OROS

Los Oros nos van a hablar de nuestro sistema de necesidades y todo lo que es finito —por ende, material—: dinero, espacio, trabajo, alimentación, salud física y cuerpo humano. El oro del Tarot también representa las energías de los tres signos de tierra en la astrología (Virgo, Capricornio y Tauro).

Podríamos ubicarlo en el primer chakra, pero al mismo tiempo toda nuestra estructura corporal lo representa, así como también la planta de los pies y los apoyos del cuerpo como nuestra capacidad de enraizarnos. Trabajar sobre este elemento implica conectar con el vivir, y no con el sobrevivir.

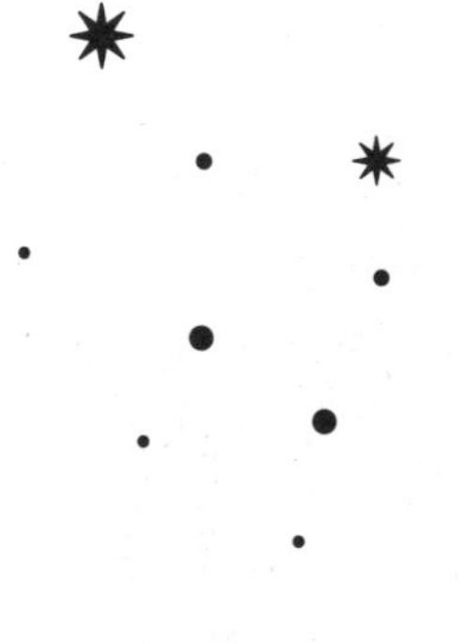

EL LEÓN, EL ELEMENTO FUEGO: BASTOS

Los Bastos nos hablarán de los deseos pulsionales, lo instintivo, lo animal, nuestra fuerza bruta y nuestro deseo sexual. Depende de nuestra relación con este centro generar creación vital, así como también frustración o agresividad en su estado más involutivo. El basto representa las energías de los signos astrológicos de fuego (Leo, Sagitario y Aries).

Podemos encontrar este centro entre el segundo y el tercer chakra, cadera o *tan tien*, que es el nombre oriental para denominar el motor energético de la vida. El basto es un centro activo, que puede servir para crear y posibilitar, como también en su estado más involutivo para agredir o violentar. El objetivo del basto es crear algo que brote de nuestro gesto más auténtico.

EL ÁGUILA, EL ELEMENTO AIRE: ESPADAS

Las Espadas representan el centro intelectual, racional-mental, así como también el lenguaje y la comunicación. Son las líneas de pensamiento, tanto las manifestadas como las acalladas, los sistemas de creencias producidos y/o repetidos. La espada representa las energías astrológicas de los signos de aire (Libra, Acuario y Géminis).

Su representación corporal ubica este centro en nuestra cabeza y cuello, entre el quinto, sexto y séptimo chakra. Hoy por hoy, este centro es el que posibilita vivenciar el mundo desde la virtualidad tecnológica, con sus matices evolutivos e involutivos. Lo más atractivo es la posibilidad de canalización que ofrece este centro, al funcionar como antena decodificadora de información. El objetivo de la espada es trascender el verbo *saber* por el verbo *ver*.

EL ÁNGEL, EL ELEMENTO AGUA: COPAS

Las Copas nos van a hablar de nuestras emociones, sentimientos, afectos, y de nuestra espiritualidad. Nos conectan con los misterios de la existencia, que únicamente podemos vivenciar desde la energía sutil. Se ubica en el plexo cardíaco o cuarto chakra. La copa del Tarot representa también las energías astrológicas de los signos de agua (Piscis, Escorpio y Cáncer).

No siempre las emociones o los sentimientos hablan de procesos benevolentes; al contrario: amar es un estado que requiere, primeramente, un proceso de deconstrucción para lograr la máxima receptividad de nuestra energía amorosa. El amor es un misterio como el contenido de las copas; está representado por un ángel, lo que de alguna manera lo transforma en un evento conectado con la divinidad. El objetivo de la copa es permitir que las energías sutiles transiten por nuestra realidad, y ser movidos por ese plano amoroso. Pero para eso debemos trabajar los patrones de cómo se amaron nuestros padres, y dejar el amor romántico o la búsqueda de la media naranja como una forma social y cultural de creencia amorosa.

La mujer danzante en el centro de la carta representa el quinto elemento: el éter o el vacío. A través de ella las energías de la vida se manifiestan gracias a su continua danza. La mujer es la exaltación de la vida con sus matices, compensando permanentemente los elementos, que son parte de lo único que conoce, los elementos son la divinidad fragmentada en cuerpo, emoción, visión e instinto.

Solo integrando la noción de vacío, podremos permitir que las cuatro energías construyan sentido y se vinculen entre sí. Ella danza, está en constante movimiento pues, cuando encontramos la conexión con un centro, es probable que otro se descompense. Mientras estemos en este plano, el conflicto y el movimiento serán inherentes a una búsqueda que jamás será estática.

COMO AMULETO, esta carta nos sirve para trabajar la sensación de completud y amor a la vida. También nos otorga un espacio de contención para encontrarnos con nuestro mundo interno.

¿TE SENTISTE ALGUNA VEZ REALIZADO? ¿CUÁNDO?
¿QUÉ ES LA REALIZACIÓN PARA VOS?
¿HACIA DÓNDE ESTÁS YENDO?

I
EL MAGO

EL MAGO I

El Mago tiene la energía de una semilla y nos conecta con nuestra posibilidad de materializar. Somos creadores en esencia y tenemos distintas herramientas para vehiculizar nuestros deseos. El inicio está aquí; todo gran logro comienza con un primer paso. Accionar o no accionar. Muchas veces nuestro Mago no acciona para buscar la aprobación externa, dado que este arquetipo también se vincula con nuestro niño interior. Sin embargo, al crecer podemos incentivar a nuestro creador a confiar en sí mismo. A pesar de nuestras inseguridades y miedos, podemos gestionar, desde el poder de la acción, un camino que vaya dibujando surcos que den cuenta de que nos estamos moviendo en pos de crecer y desarrollar los talentos que vinieron con nosotros en este plano.

El Mago es una carta de acción; si no acciona, es probable que se quede en la queja o insatisfacción constantes. Las herramientas son múltiples; podemos empezar por donde queramos. El único requisito es ser fieles con nuestro deseo y transformar pensamientos e ideas en actos.

Alquimia y vulnerabilidad están presentes en este estadio; no es necesario saber adónde nos dirigimos, pero sí ser conscientes de que tenemos cuestiones concretas para empezar a hacer. Eso que parece sencillo de realizar puede darnos indicios de fragilidad emocional, desvalorización propia o dificultad para resolver cuestiones que se perciben simples.

A nivel genealógico, El Mago representa el hijo o la hija, el niño interior que fue receptáculo de las definiciones de los padres y el clan. El niño ya viene con cargas, y se encuentra con que el mundo progresa sobre la base del conflicto interno. ¿Quién escucha las inquietudes del niño? ¿Quién lo orienta? ¿Quién lo abusa? ¿Quién le miente? ¿Quién lo ama?

Ya adulto, ese niño permanece vivo a la espera de que alguien otorgue lo que no le fue otorgado. Es entonces cuando nuestro adulto consciente puede hacerse cargo de darle visibilidad, escucha y guía. Si amamos desde este arcano, estamos esperando que alguien nos complete, pues aún no nos sentimos realizados. El Mago primero debe aprender a amarse a sí mismo, a amar su propia vulnerabilidad. Acompañar el proceso de crecimiento de este ser inocente es vital para aprender a amar sin carencia ni exigencia.

COMO AMULETO, El Mago es ideal para iniciar procesos y ayudarnos a percibir las herramientas disponibles para comenzar a accionar.

SI PUDIERAS DECIRLE ALGO A TU NIÑO, ¿QUÉ LE DIRÍAS?

¿QUÉ ACCIONES TENÉS PENSADAS QUE AÚN NO HAS COMENZADO?

¿CÓMO TE VINCULÁS CON LOS COMIENZOS?

II
LA PAPISA

LA PAPISA II

La Papisa es el primer arquetipo femenino-receptivo del Tarot, y por lo tanto nos devuelve la posibilidad de reflexionar y conectarnos con nuestro interior. Dentro de nosotros están las respuestas; están esperando que conectemos con ese *tiempo sin tiempo*. El cotidiano tiene un reloj que marca, segundo a segundo, una urgencia que no es propia de la interioridad. La Papisa nos devuelve la posibilidad de silenciar y acallar las exigencias y voces del afuera para abrazar la inmensidad de lo infinito.

Toda la sabiduría del universo se halla en nuestro interior; muchas veces buscamos afuera las respuestas cuando, en verdad, es en el interior donde anida la información vital que estábamos esperando. Leer, descansar, pensar, esperar, sentir el palpitar de nuestro corazón sin aguardar ningún efecto posterior podría ser parte de la energía que trae consigo este arcano.

La Papisa está en contacto profundo con lo que considera sagrado; es la carta de la espiritualidad, pues la espiritualidad es femenina. Ella es el contenido de las cosas, el magma de la materia, el fondo donde se disuelven las formas. Es la unión de todos los misterios, es el silencio que contiene todas las verdades del universo. Se puede observar a una mujer en gestación (o incubación), que nos habla de lo nutricio de este arquetipo, cual madre que amamanta a sus crías con su alimento de vida.

La Papisa, a nivel genealógico, nos muestra el arquetipo de una abuela o de una madre: sus costumbres, la tendencia del pasado, la tradición y lo que se transmite ortodoxamente. El elemento que menos resalta en ella es el fuego, ya que su fuego está puesto en el aparente no hacer, trasladado a la concentración de su incubación sagrada. Es un estadio de suma profundidad y conocimiento, pero pronto, como todo magma, pedirá manifestar lo integrado hacia el afuera. Si no, corre el riesgo de acumular e implosionar.

COMO AMULETO, esta carta nos conecta con la sabiduría de la espera y el tiempo, con la calma y con la capacidad de concentración plena.

¿CÓMO NOS LLEVAMOS CON NUESTRA SOLEDAD Y CON EL SILENCIO?

¿CUÁL ES LA HERENCIA DE NUESTRA ABUELA MATERNA Y DE NUESTRA MADRE, QUE HOY, DE ALGUNA MANERA, NOS CONSTRUYE Y A VECES NOS CONDICIONA?

III
LA EMPERATRIZ

LA EMPERATRIZ III

La Emperatriz es tal vez el personaje más alegre de todo el Tarot, porque donde hay nacimiento e impulso hay celebración. La Emperatriz nos conecta con nuestra vitalidad, nuestra belleza interior y exterior, nuestra capacidad creativa en alianza con nuestros deseos. Crear proviene de un impulso de vida, donde nuestra alma se manifiesta en la materia de manera fecunda, abierta, expansiva y lúdica.

El impulso como fruto gestado por la Papisa en su interior ya está presto para exponerse y manifestarse de forma inmediata. Por eso en este estadio, si bien no se cuenta con mucha experiencia, se tiene lo más importante: el gesto auténtico.

La vida, como la Emperatriz, quiere vivir, manifestar la belleza y sus contornos de seducción y disfrute. Toda la vida por delante, con toda la energía a disposición.

A nivel genealógico, La Emperatriz nos conecta con lo vital de nuestra adolescencia: las proyecciones que ahí se gestaron, lo que pudimos mostrar y lo que tuvimos que postergar de aquella etapa. Nunca es tarde y, así como nuestros niños interiores seguirán junto a nosotros durante nuestra vida, nuestros adolescentes y sus deseos genuinos siguen ahí queriendo experimentar, crear, jugar y divertirse para hacer de la pulsión de vida una fiesta.

Muchas veces, La Emperatriz está frustrada o reprimida en sus pulsiones, ya sea por la moralidad circundante o por algún abuso que haya sufrido. La impulsividad está permitida; sin embargo, pulsión e impulsividad no son lo mismo. Mientras más tiempo se reprime este arquetipo en las cavernas internas, cuando se abra puede llegar a ser burdo, superficial, grotesco, o incluso violento. Lo ideal es que lo que se abra esté de alguna manera en concordancia con el propio contenido interior que se está manifestando.

Genealógicamente, también nos habla de la hija o hijo listos para exponer sus propios intereses y deseos, ya que la infancia ha quedado atrás y, junto con ella, la abolición de la alienación absoluta a la ley del padre. Es muy probable que aquí nazca la confrontación a las antiguas creencias, y que nos demos cuenta de que somos ovejas negras que quieren autenticidad.

La Emperatriz, en busca del gesto auténtico, intenta diferenciarse para encontrarse a sí misma en el mundo, aunque se da cuenta de que tendrá que atravesar un proceso para alcanzar tal objetivo y, por más que quiera, nada de lo que profundamente desea será concedido en lo inmediato.

COMO AMULETO, nos conecta con nuestra vitalidad y la alegría profunda. Es una carta que también puede introyectarnos creatividad, desinhibición y fertilidad.

¿QUÉ COSAS DEJÉ DE DISFRUTAR Y EXPERIMENTAR, Y HOY CONSIDERO QUE PODRÍAN LLENARME DE ENERGÍA Y VIDA?

SI PUDIERA VOLVER A VIVIR MI ADOLESCENCIA, ¿QUÉ HARÍA Y QUÉ DEJARÍA DE HACER?

EN LA ADOLESCENCIA, ¿CUÁL DECÍA QUE ERA MI VOCACIÓN?

IIII
EL EMPERADOR

EL EMPERADOR IIII

El Emperador viene a ordenar la experiencia espontánea. La energía deviene de lo experimental hacia lo que podemos establecer como patrón temporal u orden necesario. Es un manifiesto de solidificación que da descanso y pausa al brote intempestivo de La Emperatriz, pues ese gesto espontáneo lo controla, lo estudia, tal vez para hacerlo propio y reiterarlo cuando lo necesite. El Emperador es la pareja arquetípica de La Emperatriz, pues complementa la chispa de ella con planificación, materialización y cuidado.

Esta primera noción de adultez nos habla, de alguna forma, de nuestra capacidad de ser responsables de nosotros mismos con nuestras necesidades, nuestra salud, nuestros compromisos, y nos invita a hacernos cargo de nuestras acciones, desde lo personal hasta lo colectivo.

El Emperador es una base sólida y bien construida de nosotros mismos. No habría que rechazar este arquetipo, sino más bien integrarlo como una necesidad elemental. Muchas veces peleamos con la adultez y sus exigencias. A veces, al generar resistencia a este arquetipo, tendemos a volvernos nuevamente adolescentes o, al contrario, una vez que conseguimos cierto orden, no nos atrevemos a experimentar nuevas formas. De este modo, perdemos la capacidad de riesgo y tendemos a cristalizarnos en lo conocido. Ahí está el gran riesgo de este Emperador: volverse negador y habitar su zona de confort por miedo a transformarse. El Emperador no quiere perder el control, y le cuesta aceptar que no está viendo la amplitud de las situaciones.

Parece una carta estática, pero habría que encontrarle su sentido dinámico, pues lo nuevo deviene de su logro de definición que es, gracias a su voluntad, inquebrantable. Recordemos que es un arquetipo receptivo, así que no debería ser conquistador sino más bien cuidador del recurso, la lógica y el control.

A nivel genealógico, esta carta nos habla del padre proveedor, de la casa donde vivimos, de las reglas sociales que, a través del padre, se transformaron en cotidianas formas de percibir la normalidad. También son los mandatos económicos y laborales que se gestan en una familia —por ejemplo, si el abuelo es abogado, el padre también es abogado—. El patrón del Emperador será repetir lo que a los anteriores hombres del clan les otorgó seguridad.

COMO AMULETO, este arcano es ideal para introyectar la seguridad en nosotros mismos, en el poder de nuestro trabajo, nuestra salud y nuestra firmeza frente a situaciones donde tememos flaquear.

¿QUÉ CREE NUESTRO EMPERADOR QUE TIENE EN LA MANO COMO SÓLIDO Y SEGURO?

¿POR QUÉ TIENE CIERTA RESISTENCIA DE MIRAR HACIA SUS ESPALDAS?

¿CUÁL ES NUESTRA RELACIÓN CON LA MATERIALIDAD Y LA SOLIDIFICACIÓN?

V
EL PAPA

EL PAPA V

En El Papa asistimos por primera vez a un arcano donde hay más de un personaje. La consciencia se divide, se abre, muchas veces se conflictúa. Aparece la jerarquía como una forma de proyectar la sombra o lo que El Emperador no quería ver de sí mismo. El Papa nos faculta la conexión, permite el diálogo entre aspectos que aún no están integrados. Su posibilidad de verbalizar construye puentes en la consciencia y nos muestra hacia dónde tenemos que ir, a pesar de que eso constituya un riesgo o implique abandonar los sitios cómodos en los que estábamos afianzados.

A los seres humanos nos cuesta, por construcción y arraigo, cambiar, abrirnos al vértigo de lo nuevo o enfrentarnos a desafíos que puedan generar una sensación incómoda. En El Papa empieza la incomodidad de escuchar y darle entidad a vernos pequeños o demasiado sobrevalorados; nos juzgamos y comienza la escucha del primer cambio que inquieta.

Este arquetipo también nos habla de nuestra moral, de qué es bueno y de qué es malo para nosotros, de cómo a veces es necesario mover esas estructuras porque se manifiestan obsoletas para avanzar. Se devela la génesis de nuestros sistemas de creencias, y las palabras manifiestan información clave para comunicarnos, para entender quiénes estamos siendo. El contenido de El Papa se ubica entre los vínculos; por ende, deja ver lo que se escondía en la soledad.

Es un arquetipo guía y clarificador, es el arcano que representa al maestro. Ahora bien, es necesario entender que no todos los maestros enseñan sin ser presos del ego del reconocimiento. Un Papa-maestro fluido es el que apela a la semilla del iniciado y potencia en él su poder, enseñándole que nada en el universo está por fuera de su interior. De esta forma, no se construye un vínculo abusivo entre el que está arriba y el que está abajo, algo tan habitual en los puestos con cierta jerarquía. Sin embargo, tanto El Papa como un maestro, si no trabajan su empatía y su amor por el que recibe, es muy probable que devenga en soberbia y ego desmedido.

Genealógicamente, El Papa representa a un padre o a un abuelo, pero en estado de transmisión; o sea, representa el mandato, la información que circuló, lo que nos dijeron sobre lo bueno y lo malo. Si bien El Papa es la representación del padre bueno, esa mirada bondadosa, al esconder la sombra, muchas veces se vuelve abusiva. No siempre es así, pero es vital entender que lo que nos dijeron lo hemos tomado como cierto, integrándose sin cuestionamientos a nuestro sistema de creencias. En ocasiones habría que revisar de dónde vienen esas leyes morales que nos ponen límites para avanzar hacia nuestra realización. En términos genealógicos, además, aparece la hermandad, el que es horizontal a mí, ya sea el hermano mayor o menor, y surge el ejemplo, la comparación, la rivalidad o la alianza. Todo depende de los ojos con los que el Padre ejerció la mirada sobre sus hijos.

COMO AMULETO, este arquetipo nos introyecta la impecabilidad del verbo, de la comunicación, del poder conectar y hacer puente entre lo que sentimos y lo que pensamos. Dirige las energías hacia una claridad y ayuda a poner en palabras lo que sentimos profundamente.

¿QUÉ APARECE EN MÍ CUANDO TENGO QUE ENSEÑAR O DECIR A ALGUIEN QUE ESTÁ EN UNA JERARQUÍA DE PRINCIPIANTE?

¿CUÁL ES MI RELACIÓN CON LOS PROFESORES Y/O LOS JEFES?

VI
EL ENAMORADO

EL ENAMORADO VI

El Enamorado es un estadio que pone en evidencia las energías que circulan en el encuentro con otro ser. Aquí lo vincular es la clave, ya no de una manera jerárquica o vertical, sino más bien horizontal. No es posible sentirse más o menos que la otredad, sea quien sea. El otro me muestra un espejo certero, y yo me presto a ser su imagen como devolución del dar y recibir. La belleza de encontrarse confiando en la entrega y permitir el acceso de otro ser a nuestra intimidad nos hace sentir por un momento que no estamos solos. De alguna manera, ese sol ilumina a todos por igual. Sin embargo, nos podemos extraviar en la belleza e intensidad de nuestros vínculos, pues la poesía, el romanticismo y las narrativas que armamos de nosotros a través de las experiencias compartidas también, en cierta forma, son una demanda de ser parte de tejidos sociales que, como una tela de araña, muchas veces nos limitan.

No es casual que la mayor producción del arte tenga que ver con el amor. El amor de pareja es una posibilidad, la más popular, en el sentido de que genera las historias más atractivas y sensacionales. Pero, en este estadio, más que hablar de amor hablamos de vínculos, las proximidades, lo camaleónico, las esponjas, lo simbiótico o el hacernos o no cargo de algo que no nos pertenece. Jean-Paul Sartre decía: “El infierno son los otros”. Puede transformarse este momento en una suma confusión en relación con lo que sentimos y con cómo nos desenvolvemos en las fronteras de relaciones y vínculos.

A menudo, a pesar de que se dice que habría que tomar una decisión en este arquetipo porque se ve la confusión del personaje central, desde la óptica de la cualidad receptiva de la carta más bien es la instancia previa a tomar una decisión, es la instancia de abrir la conciencia e identificar desde dónde y cómo se construyen nuestros vínculos y, en consecuencia, moverlos, profundizar o migrar. Pero el migrar o decidir es un paso que está entre El Enamorado y El Carro.

Elegir desde el corazón es un motor y una posibilidad en este momento; sin embargo, muchas veces no entendemos que hasta lo que sentimos es parte de una construcción egoica que nos cuesta disolver porque el amor es algo que no entendemos del todo, pues no es un procedimiento mental. Al intentar entenderlo, enturbiamos el flechazo que simplemente pide de nosotros receptividad y, en consecuencia, como un suspiro efímero, llenarnos de vida, honrando y agradeciendo la presencia maestra de que alguien nos esté mostrando algo de nosotros mismos y, de alguna manera, nos actualice.

A nivel genealógico, esta carta pone de manifiesto primero la tensión y luego el traspaso de la noción de familia de origen a la familia elegida. Muchas veces la familia de origen pone condiciones inconscientes de la elección del nuevo árbol que se conjugará con el árbol troncal, pues es una elección que va a tener una consecuencia. Sin embargo, lo más evolutivo es elegir con el corazón, y no con el patrón mental de lo que conviene o de lo que debería ser un vínculo o una nueva pareja para construir nuestra propia familia.

Tomemos la noción de familia de la forma más amplia; justamente parte de la tensión de este arquetipo puede tener que ver con esto. Tal vez para la oveja negra la noción de familia también es algo disímil y, tarde o temprano, tendrá que materializar su propia propuesta de árbol en este mundo. ¿Hasta cuándo vamos a decir que nuestra casa es la casa de nuestros padres?

COMO AMULETO, nos aporta apertura a nuestros vínculos y relaciones sociales, junto con capacidad de escucha y empatía. También nos ayuda a identificar lo que nos conflictúa, para posteriormente accionar en consciencia.

TE PROPONGO HACER UNA LISTA CON LAS PERSONAS QUE SENTIMOS QUE NOS IMPULSAN Y ESTÁN DISPUESTAS A QUE CAMBIEMOS SIN PONERNOS CONDICIONES. Y HACÉ OTRA LISTA CON LOS VÍNCULOS DE LOS QUE SENTIMOS QUE NOS EXIGEN (O INTENTAN CAMBIARNOS), O NO NOS DEJAN CAMBIAR Y, POR ENDE, NOS CONSUMEN MUCHÍSIMA ENERGÍA.

VII
EL CARRO

EL CARRO VII

El Carro es el primer arcano del Tarot cuyo nombre no remite al personaje; en este caso, la carta nos habla del vehículo que transporta al héroe, príncipe, protagonista o nosotros mismos. Este vehículo es motorizado por dos caballos que, con su fuerza deseante, avanzan hacia su objetivo. A veces esos animales necesitan ordenar su pulsión y ponerse de acuerdo hacia qué vía o rumbo enfocar esa gran energía que se despliega.

En El Carro se ven fuerza y empuje, determinación y confianza; si el objetivo está trazado, es difícil detenerlo. Sin embargo, la relación entre lo que aparenta y lo que realmente percibe en su interior puede ser su gran dilema. Debido a sus ropajes de armadura y firmeza, tiende a embrollarse sobre sus propios deseos internos, pues su identidad sobreexpuesta y la tensión de no perder el control entre lo que los demás esperan de él y lo que él siente realmente pueden llegar a detener su andar o provocar que se traicione a sí mismo.

El Carro es una gran afirmación de lo que podemos construir a través de nosotros mismos, sin ser necesariamente eso que construimos. Ahí están las máscaras, en sus hombros, para utilizar como herramienta constante, apelando a su diversidad de facetas para sortear desafíos y propósitos.

En la antigua Roma, la definición de la palabra *máscara* remitía al concepto de *persona*, pues todas las personas, consciente o inconscientemente, llevamos máscaras y roles a la hora de vincularnos socialmente. A veces es necesario apelar a la máscara como posibilidad de conjugar roles ficticios pero materializadores. No estamos hablando de mácula ni mentira; simplemente, es la afirmación del ego. El ego, tomándolo como una estrategia de construcción social y vincular. Es por eso que el rol social está tan presente en esta carta: nuestra profesión o los oficios en los cuales nos desempeñamos. No somos eso, pero nos mostramos y accionamos en el mundo a través de esas funciones que podemos o deseamos crear.

Por ejemplo, en la actualidad las cuentas en las redes sociales y el recorte de la realidad que hacemos de nosotros mismos poseen la energía de este arquetipo. Somos expertos y hemos aprendido, en la época de la imagen, a mostrar lo que deseamos mostrar, por supuesto sin que eso sea la vida real. Resulta vital que el arquetipo del Carro no sea absorbido por su personaje, pues su gran riesgo es el vacío o la inconformidad interior.

Lo ideal es que en este estadio no seamos devorados por los personajes y las máscaras que construimos de nosotros mismos, es vital elegir esas fachadas y no que ellas nos elijan a nosotros.

A nivel genealógico, esta carta nos habla de la independencia y el desarraigo, pues puede representar nuestra casa de "solteros", algún viaje por el mundo, el espacio personal y las experiencias individuales que nutren nuestra mirada de nosotros mismos sin la presencia o mirada de nuestros padres y hermanos. Habla de las conquistas propias, que a veces están teñidas de lo que esperaron de nosotros y otras veces no. El Carro es el adulto pleno que llegamos a desarrollar, donde somos conscientes del impacto que tenemos al accionar en el mundo. Tal vez pueda haber una negación a la paternidad o a la maternidad temporariamente, pues la energía está puesta en el avance material, social y profesional.

COMO AMULETO, es ideal para intencionar cualquier tipo de deseo, dado que El Carro y su energía de fuego avanzan y crean las circunstancias ideales para que los caminos se abran a su paso y se destraben situaciones. También nos introyecta la confianza a la hora de estar expuestos en alguna circunstancia donde necesitemos ocultar nuestra fragilidad o inseguridad.

¿EL FIN JUSTIFICA LOS MEDIOS?

¿LA PROFESIÓN O EL OFICIO QUE REALIZO CONCUERDA CON LA IMAGEN INTERIOR QUE TENGO SOBRE MÍ MISMO?

¿SOY CONSCIENTE DE QUE MIS ACCIONES TIENEN INJERENCIA EN EL MUNDO SOCIAL?

VIII
LA JUSTICIA

LA JUSTICIA VIII

Con La Justicia aparece la mirada hacia nosotros mismos, de frente y sin filtros. Una mirada que pone en pausa el movimiento ágil del Carro para permitir un espacio propio, interior que alberga lo que necesitamos sopesar internamente para continuar el camino. La Justicia detiene el viaje desde lo aparente, es imperante equilibrar las percepciones interiores tal vez dejadas en segundo plano por el Carro en pos del avance y la apariencia, para hacer justicia propia sobre lo que es importante y tal vez urgente.

Su gran capacidad de receptividad le permite disolver las exigencias hegemónicas y los mandatos externos, haciendo oídos sordos a las necesidades sociales que no resuenan en su interior. Su silencio tiene un peso infinito, pues reemplaza palabras con su presencia inconfundible. Es un arquetipo que, ante todo, nos invita al autoconocimiento. "Conócete a ti mismo y conocerás el universo": la famosa frase de la antigua Grecia nos habla del camino del perfeccionamiento personal como una fase esencial en la que, para acceder al verdadero conocimiento, tenemos que adentrarnos en nuestra propia naturaleza. De esta forma, al aceptarnos y conocernos, podremos evitar ser arrastrados por fuerzas que no condicen con nuestra naturaleza profunda.

La Justicia aprende a decir que no y pone límites para sopesar en su interior lo que estima como *lo justo*. Es el primer arcano del Tarot que mira de frente, nos mira a los ojos; como los arcanos mayores del Tarot se podrían ver como espejos de uno mismo, esta Justicia perfectamente nos posibilita mirarnos. En consecuencia, nos enseña que la primera forma de ser justos es con nosotros mismos. La fidelidad personal, el amor propio, el sentimiento de prosperidad, el aprender a exigir nuestros derechos conforman la base sólida de una ética inquebrantable, sin hacer a los demás lo que no nos gusta que nos hagan, y siendo justos al dar y exigir los derechos de cada ser humano en su espacio vital.

Lo importante es que La Justicia nos lleve a centrarnos en lo personal primeramente y la vara de la exigencia esté puesta en nosotros mismos; si se evade y, por el contrario, se deposita afuera, en los otros, en su queja, es probable que su exigencia se vuelva castradora, rígida, fría, justiciera sin sentido, tensa y solitaria. Ella podría sufrir inútilmente porque el mundo exterior no está en el flujo que ella percibe; sin embargo, es allí donde La Justicia tiene que ser impecable y contribuir con ética, conciencia y perseverancia en su accionar despierto.

A nivel genealógico, La Justicia representa a una madre, una mujer fuerte y sin rodeos que decreta leyes en la familia, muy probablemente de carácter formado y un tanto concreta y práctica. A veces es el patrón de nuestra madre y nuestra relación con ella en temas cotidianos y de los sistemas de creencias expuestos con claridad y firmeza.

También puede ser una madre que impone y castra, pues de a ratos a La Justicia le falta empatía y suele imponer su forma de accionar como única alternativa.

Muchas veces es fría, a diferencia de La Papisa, nutricia, comprensiva y abnegada. La Justicia es como una madre corajuda, exigente y trabajadora en una sociedad masculinizada.

COMO AMULETO, nos introyecta la confianza en nuestro poder interior. Nos brinda el ancla y la claridad para tomar decisiones y luchar por lo que sentimos que es justo. Nos ayuda a encontrar las palabras precisas en momentos de confusión y bruma; aporta un diálogo efectivo entre lo que sentimos y lo que exponemos hacia afuera. También nos aporta espacio personal y autoescucha.

¿EXPONEMOS CON CLARIDAD Y SIN RODEOS LAS CUESTIONES QUE SON IMPORTANTES PARA NOSOTROS?

¿QUÉ SIGNIFICA Y CÓMO LLEVO A CABO LA FIDELIDAD CONMIGO EN UN CONTEXTO VINCULAR CON OTROS?

¿CUÁNDO ME PONGO A LA DEFENSIVA?

• VIIII •
EL ERMITAÑO

EL ERMITAÑO VIIII

El Ermitaño es el arquetipo de la sabiduría interior, el tiempo y la ralentización de los procesos que propician la *digestión* necesaria para abandonar lo conocido y entregarnos a lo desconocido.

Su suma interioridad y su sabiduría apelan a la experiencia vivida para habitar el presente, tomando consciencia de las herramientas integradas en el camino recorrido. Su lámpara focaliza momentos precisos del pasado, pues integra las vivencias en su inmensa concavidad para llevarlas consigo al viaje de la disolución.

Con El Ermitaño aparece la noción de crisis y de final. La aridez de su andar pone de manifiesto lo que empieza a perder vitalidad, al tiempo que va nutriendo de sentido a la pérdida intrínseca, transmutando e iluminando de sabiduría el posible dolor, miedo y tristeza que puedan aflorar en ese proceso.

Los duelos son transitados con fortaleza interior para que, a través del tiempo, devengan en cicatrización y en resiliencia, pues El Ermitaño es un estadio de preparación para que desaparezca algo del plano conocido o físico. A fin de estar preparado para ese paso trascendental, es necesario aglutinar la consciencia y llevarla como un tesoro.

Su retirada y su aparente ausencia no son más que el tránsito personal que cada uno de nosotros tiene que llevar consigo, pues de alguna manera nacemos solos y morimos solos. Esta soledad puede ser vivenciada desde la melancolía y la tristeza, o también puede ser el encuentro con lo ancestral y con todo lo que en algún momento fuimos. Esto se debe a que El Ermitaño posee la capacidad de fundirse en el tiempo, como ocurre con La Papisa, que percibe el pasado, el presente y el futuro como un instante de revelación profunda. Su prudencia lo acompaña y, paso a paso, caminando de espaldas, avanza sigilosamente hasta tomar la confianza necesaria para entregarse al misterio.

Las crisis son momentos de indagación profunda donde, en el caso de El Ermitaño, puede dar luz a los puntos que estaban eclipsados o ciegos. Por eso es un arquetipo de hacer luz, paradójicamente, al replegarse a las cavernas más profundas del ser. Es ahí donde encuentra el sostén interno, la resiliencia y el conocimiento que le permiten entender que su identidad no está aferrada a las construcciones del ego.

El Ermitaño tiene un doble movimiento: es activo hacia el pasado y receptivo hacia lo que vendrá. Lo importante es entregar este proceso al tiempo, y no acelerarlo ni tampoco anclar en el sufrimiento o en la melancolía. Algo se está preparando para la nueva realidad. Ya las luces internas nos muestran al menos lo que no tiene sentido seguir sosteniendo.

A nivel genealógico, El Ermitaño podría representar un padre ausente, en el plano físico de no haberlo conocido (o de un padre fallecido), o incluso un padre al que no le es fácil la comunicación. También puede hablarnos de un abuelo o de un bisabuelo, ya que este arquetipo contiene lo ancestral. A veces, hace referencia al peso y sufrimiento que adquirimos de algún ser querido, al cargar el dolor de otro miembro del clan para alivianar su equipaje. La ausencia y la herida que se cubre con el tiempo, pliegue a pliegue, aunque se evadan, están ahí, esperando la cicatrización en la medida en que sean vistas y cuidadas.

COMO AMULETO, esta carta nos introyecta prudencia, visión y cautela; nos brinda sabiduría y recogimiento del sentir a la hora de actuar, mientras calma la ansiedad del tiempo social. Nos permite entrar en estado de duelo para cicatrizar y sanar la pérdida física de algún ser amado, para integrar lo que se pierde y lo que nos queda en nuestro corazón hasta la eternidad.

¿QUÉ HE DESCUBIERTO EN LOS PERÍODOS DE CRISIS?

¿HE HABITADO LOS DUELOS CON LOS TIEMPOS QUE NECESITABA?

¿PUEDO IDENTIFICAR LA DIFERENCIA ENTRE DOLOR Y SUFRIMIENTO?

X
LA RUEDA DE LA FORTUNA

LA RUEDA DE LA FORTUNA X

En La Rueda de la Fortuna, asistimos al primer arcano del Tarot, donde desaparece la figura humana y se desvanece la realidad conocida, para conectarnos con una nueva dimensión del ser.

La Rueda de la Fortuna nos propone un proceso de descomposición de todo lo familiar, licuando y agitando, a través del movimiento, un vaivén de sensaciones y de vertiginosas maneras de habitar este momento de incertidumbre constante. El movimiento no necesariamente es sinónimo de avance en la rueda, al contrario: se puede traducir en repetición, absurdo, estrés o incomprensión de una situación. Si intentamos manejarla y tener el control desde lo racional, se desbordan las aguas de lo emocional y si solo nos entregamos al camino del sentir, se inunda la plataforma sólida que sostiene nuestro cuerpo en este arcano.

La Rueda nos recuerda que no somos los que manejamos todos los aspectos circunstanciales, y a veces nos cuesta aceptar esa pérdida de control; por algo no está la figura humana: son las fuerzas no humanas las que mueven la rueda, por ende esta carta apela a nuestro centro no mutable.

Si bien hemos dicho que todo cambia, para que todo se transforme tiene que existir por añadidura un eje, un ancla. En La Rueda de la Fortuna este eje es el centro, pues existe una dualidad entre lo que está afuera y lo que está adentro. Afuera está el caos; adentro, lo inmutable o la unión con lo divino. Y, apoyándonos en este centro inmutable, nuestra consciencia se permite renovar y regenerar lo antiguo con lo nuevo.

La Rueda es un arquetipo de mucho aprendizaje espiritual; su imagen remite a un mandala, cuyo trabajo es hacia adentro: nos conecta con la meditación, justamente, de la periferia al centro, que podría ser el mismo vacío.

La Rueda de la Fortuna es el arquetipo que representa lo evolutivo en esencia. Aquí es posible, desde un procedimiento receptivo y de vacuidad, abrir nuevas posibilidades y vías, aunque por supuesto está el riesgo de repetir, quedar en la trampa de la resistencia, la ansiedad y el miedo a naufragar.

Su objetivo real como eslabón evolutivo es, paradójicamente, crear equilibrio y estabilidad dentro del caos exterior, fueran cuales fuesen las circunstancias externas. La Rueda nos enseña que la posibilidad real anida en nosotros mismos. Si buscamos afuera las respuestas, solo encontraremos confusión, engaño, desesperación y, seguramente, estemos entregando nuestro poder al azar o a las lógicas mundanas.

A veces hay que dejar que las cosas decanten solas, y La Rueda no permite impactos ni acciones forzosas; sería una especie de entrega a la sabiduría del restablecimiento orgánico de la vida.

A nivel genealógico, representa las repeticiones del árbol: en esencia, los nombres repetidos, los patrones replicados, las historias clonadas, las fechas de nacimiento, de matrimonio o de defunción que se reiteran para, de alguna manera, desde la incomodidad que pueda generar el encierro del círculo, encontrar el punto donde devenir espiral, y ayudar a las historias pasadas a disolverse y a trascender. Muchas veces, como hemos dicho, nos quedamos en el círculo vicioso pero, cuando nos despersonalizamos y ampliamos la mirada de lo que acontece, podemos, desde nuestro ser esencial libre de patrones, encontrar una resolución desde la potencia sutil del nuevo gesto que nace desde el mismo vacío.

COMO AMULETO, nos entrega la sabiduría del mandala, de la calma mental, al tiempo que nos puede introyectar sabiduría, sobre todo si miramos el centro de la carta. Si observamos el todo completo, nos acompaña para sortear aparentes embrollos que, por lo pronto, no tienen solución. Nos invita a confiar en lo perfecto de los sucesos, que siempre nos vienen a mostrar algo para evolucionar.

> ¿QUÉ SIENTO QUE SE REPITE CONSTANTEMENTE EN MI VIDA Y QUE TAL VEZ REQUIERE UNA NUEVA FORMA DE ACCIONAR?
>
> ¿CÓMO ME RELACIONO CON LA INCERTIDUMBRE?

XI
LA FUERZA

LA FUERZA XI

En La Fuerza aparece una mujer que, según cómo se mire, puede estar abriendo o cerrando la boca de un león. Parece ser un acto onírico o el encuentro con fuerzas inconscientes, pues la imagen ya no resulta realista. Sin embargo, este autodescubrimiento del animal devela el instinto humano, que podría ser el germen de lo que más adelante llamaremos *intuición.*

La irrupción de la fuerza animal en el arquetipo de La Fuerza pone de manifiesto nuestra naturaleza salvaje en integración o en tensión (dependiendo de cómo se vivencie) con nuestra racionalidad humana. Si bien La Fuerza es un comienzo, una salida concreta de la duda y de la ambivalencia de La Rueda de la Fortuna, este inicio nos desafía a identificar las partes de nosotros mismos que, de alguna manera, no habíamos contemplado y que hoy se vuelven conscientes para ser aliadas o enemigas, aun siendo parte de nuestra construcción interna.

La impulsividad del animal, la bestialidad, el deseo galopante, las reacciones sin pensar, las respuestas automáticas, etcétera, relacionan este arquetipo con un posible estado de ingobernabilidad. En oposición, tenemos el exceso de control, la no aceptación de nuestros deseos y pulsiones, la represión sexual, etcétera. Todo esto podría generar estallidos de violencia, como vías de escape de la represión.

La mirada de la mujer atisba el horizonte, que no anticipará hasta no integrar su lado humano con su lado animal. Sus partes no deberían aniquilarse entre sí ni declararse la guerra porque, desde un enfoque evolutivo, tendrían que aprender a convivir y nutrirse.

En este arquetipo se juegan dos conceptos que piden dejar de ser antagónicos: **civilización** y **barbarie**. Hay que integrar el lado animal-instintivo con nuestra posibilidad humana racional y viceversa: nuestro instinto debe saber que tiene una posibilidad de refinarse a través del intelecto, y no creer que uno es amenaza del otro. Integrar las partes divididas que habitan cerca, pero separadas en nosotros, es nuestra tarea esencial para comenzar una nueva etapa con más decisión y mayor ímpetu. Esta carta estancada nos habla de la agresividad en estado puro, que no es ni más ni menos que un enojo primero con nosotros mismos.

A nivel genealógico, La Fuerza nos habla de nuestros deseos genuinos que fueron moldeados o domados por mandatos familiares y que, en nuestra primera adultez, nos encuentra frustrados o enojados o, al contrario, absolutamente rebeldes. La Fuerza nos habla de la resolución que tomamos con la atadura y de cómo, de alguna manera, nos encontramos y ponemos de manifiesto nuestra verdadera vocación, elección sexual, etcétera, más allá de lo que nos plantearon como lo correcto o lo más conveniente. El León no calla, y si calla está frustrado y moribundo, como dentro de una jaula de un circo diseñado con límites impuestos. Tal vez es este arquetipo el que atisba la necesidad de ampliar los límites y no conformarse con el diseño moral del clan para, desde el indicio instintivo, seguir el impulso creador de una nueva vida.

COMO AMULETO, esta carta nos introyecta la conexión con el deseo y la vocación. Es ideal vincularnos con ella cuando sentimos que no tenemos energía, y necesitamos una bocanada de fuerza y voluntad sobre cualquier adversidad interna en pos de que primen la alegría y la vida.

¿ME CONSIDERO UN ANIMAL?

¿CUÁL ES MI RELACIÓN CON MI PARTE INSTINTIVA?

¿TENGO CONEXIÓN Y ESCUCHA CON MIS DESEOS PROFUNDOS?

¿HAY ALGO QUE TEMO DE MÍ MISMO?

XII
EL COLGADO

EL COLGADO XII

En el arquetipo de El Colgado observamos a un joven con el cuerpo invertido y sujetado a una viga de madera, indicando un aparente cese de movimiento. El Colgado está en un interior profundo, en una no acción necesaria para que, desde su íntimo espectro, pueda surgir prontamente una resolución novedosa. Sin embargo, ante nuestros ojos pareciera una especie de sacrificio, pues podría hablarnos de un despojo, una limpieza, una conexión profunda, un volver a la matriz para trascenderla evolutivamente.

A veces necesitamos invertir la mirada que tenemos de las cosas para manifestar algo propio dentro de los contextos donde nos sentimos atados. En La Fuerza aprendimos a integrar nuestro deseo más primitivo que, al salir a la luz de nuestra conciencia, entra en fricción con cuestiones del orden del mundo.

Aceptar, callar y ser sumisos puede durar un tiempo en la medida en que ese proceso sea acompañado por la construcción interna de una nueva y contundente respuesta, ya que en El Colgado se está autoconstruyendo un nuevo cuerpo: algo está por nacer.

Muerte y nacimiento se conjugan entre este arquetipo y el siguiente. Podría existir una tensión entre aceptar el dolor que implica nacer o cristalizar ese momento en una promesa eterna sin vida. Es muy probable que se juegue el miedo a soltar lo que nos sujeta como también a lo desconocido del afuera; sin embargo, debemos recordar que los miedos son siempre proyecciones fantasiosas de algo que no está ocurriendo, o reminiscencias de vivencias genealógicas o antiguas a las que tal vez les estamos dando fuerza en un presente donde ya no deberían existir.

El encuentro con la verdad esencial que se propicia en las profundidades de esta aparente detención es vital para exponerlo con fuerza en el arquetipo siguiente. El riesgo, una vez producido ese encuentro, es no tener las agallas para confrontarlo, abrirlo o vivirlo.

A nivel genealógico, El Colgado nos habla de nuestro tiempo de gestación al interior del cuerpo de nuestra madre biológica, pues representa a un feto que entra en canal de parto para disponerse al nacimiento. La soga podría figurar un cordón umbilical que une al feto con la madre, punto desde el cual se produce tanto el intercambio de nutrientes como de cargas emocionales. Todo lo que vivenció nuestra madre en esa etapa de alguna manera tiene un registro profundo en nosotros.

También El Colgado puede hablar de las condiciones de nacimiento pues, según cómo haya resultado ese momento trascendental, podría condicionar ciertas tendencias posteriores. A veces El Colgado se manifiesta como un **no deseo**, y nos mantiene unidos al nido, reacios a salir del encierro y a abandonar los conceptos u horizontes que nos tocó vivir y que, por alguna razón, no queremos (o no nos atrevemos) a cortar o trascender. Por ejemplo, vivir en la casa de los padres hasta avanzada edad o no irse en toda la vida del barrio de la infancia son formas de no querer experimentar la creación de un nido propio y tomar la morada de origen como final del acto creativo familiar. Es por esa razón que El Colgado debe conectar con su interior, para posteriormente abrir sus alas; caso contrario, anestesiado, puede creer que vive su propia realidad mientras en realidad vivencia la que otros le construyeron.

COMO AMULETO, es un excelente arcano de meditación, de dejar la cabeza a un lado y conectar con el vacío y con la esencia. También nos aporta descanso y retirada de los aspectos mundanos para tener un lapsus de claridad interior.

¿QUÉ CUESTIONES ESTÁN GESTÁNDOSE EN MÍ Y QUÉ OTRAS ESTÁN CRISTALIZADAS CON MIEDO A SALIR?

¿QUÉ COSAS ME DAN MIEDO?

¿DE QUÉ ME OCULTO HABITUALMENTE?

• XIII •

EL ARCANO SIN NOMBRE XIII

Este es el único arcano del Tarot que no posee un nombre. Llamarlo como "La muerte" es una forma de reducir la implicancia y la profundidad de este arquetipo poderoso y radical. La palabra "muerte" suele estar cargada de un sentido muy negativo y alude a un final. Esta carta, más que un fin, marca una continuidad que solo es posible desde la limpieza y la trasmutación profundas. Es, de alguna manera, un nacimiento que solo es posible al desarticular y al dar la estocada definitiva a lo que perturba e impide que nazca lo inminente, lo nuevo, lo genuino.

El Arcano Sin Nombre tiene una relación directa, casi mimética, con el arquetipo de El Loco, dado que el único arcano que no tiene nombre y el único arcano que no tiene número podrían considerarse exactamente lo mismo. El Loco se hace presente en nuestro ser esencial en este recorrido para barrer las construcciones superfluas, que ya no tienen que ver con nuestra finalidad en este tránsito. El trabajo es la eliminación de todo lo sobrante, a fin de que vuelva a tomar presencia y fuerza lo esencial para continuar este camino.

También se podría decir que no tiene nombre porque la transformación que posibilita y trae consigo no alcanza a ser manifestada por el lenguaje. Todo el color negro que vemos bajo los pies son las capas de profundidad que se ponen en juego tras su paso fundamental. Nacer duele, y este dolor está implícito en este arcano; si no lo atravesamos sin anestesia, quedamos detenidos en una espera del Ser, que puede ser eterna y podría condenarnos a vivir sin vida propia. Pero si somos valientes y decididos, podemos desactivar lo que antes nos manejaba y abrir paso a la novedad, cual cielo que se abre luego de una gran tormenta.

Este arquetipo propicia cambios de paradigmas en el plano que se pregunte o que se espere. Cuando su energía está disponible, y si hemos ido realmente al fondo del fondo, lo que viene posteriormente es parte de un terreno nuevo y presto a ser habitado con nuevas realidades circundantes.

Habría que diferenciar la experiencia del dolor y del sufrimiento que puede contener este tránsito. Mientras el dolor es una señal de que algo está ocurriendo en tiempo presente, aquí y ahora, el sufrimiento es, en cambio, la herida hecha apología, que nos hace sufrientes, viviendo constantemente en la queja y la pulsión destructiva.

Este arquetipo no tiene puntos medios, y es clave entender que, mientras más tiempo estemos guardados en El Colgado, más explosiva y sorpresiva será la apertura de este contenido que, seguramente, desde afuera ni lo esperaban: estaba macerándose en el interior sin que nadie se percatara.

A nivel genealógico, esta carta nos remite al momento en que confrontamos a nuestra familia de origen, un fenómeno que en general ocurre en la adolescencia. Lo vital de este arcano es que nos ayuda a contrastar lo propio de lo que no es propio, de una forma que suele ser explosiva, e incluso violenta. Muchas veces es necesario explotar para no replicar y, de alguna manera, diferenciarnos y eliminar de raíz las capas de sentido que se han depositado en nosotros. Es un antes y un después; habla de un familiar que rompió con los patrones impuestos y decidió abrir nuevas vías de manifestación del amor.

COMO AMULETO, nos introyecta la capacidad de cambiar radicalmente un hábito, de hacer las cosas de un modo sustancialmente opuesto a como las veníamos haciendo. También nos acompaña a la hora de confrontar y romper el silencio, al liberarnos de las culpas de los abusos a los que fuimos sometidos y devolver a quienes corresponda, con valentía y decisión, sus responsabilidades, sintiéndonos livianos y reseteados para continuar nuestra vía.

¿CUÁLES HAN SIDO LOS MOMENTOS EN QUE HE EXPLOTADO Y QUE HAN GENERADO UN CAMBIO RADICAL EN ALGÚN TIPO DE VÍNCULO?

¿ME PERMITO ROMPER Y DESHACERME DE LO QUE NO APORTA NADA HOY A MI VIDA? ¿O SIENTO CARGAS Y CULPAS?

· XIIII ·
LA TEMPLANZA

LA TEMPLANZA XIIII

Luego de la desarticulación de El Arcano Sin Nombre, lo mejor que nos puede pasar es la llegada de este ser alado, que pisa la tierra para mediar y equilibrar la experiencia radical que acabamos de transitar.

La Templanza es movida por las emociones e integra y vuelve a conectar lo que estaba separado o disociado. Este arquetipo aporta benevolencia, ante todo con nosotros mismos en cualquier situación y proceso que estemos llevando adelante, al tiempo que se abre la noción de protección y cuidado propios. Las vasijas con agua se ligan en el centro del cuerpo, propiciando la sanación emocional y la sensación de armonía interior.

Es el ángel guardián personal y colectivo que custodia y modera nuestro accionar hacia el medio y por la vía del medio. La Templanza se aleja de los aspavientos, cesa las luchas y flamea la bandera blanca purificadora, que nos permite reencontrarnos con lo que nos brinda calma y conformidad.

En este estadio de la consciencia y de la evolución, se nos propone descansar del conflicto y, en vez de mirar lo que hace falta, hacernos conscientes de lo que tenemos a favor, así como también amigarnos con nosotros y con las situaciones que nos hicieron daño o ya no vibran en la misma sintonía. Al darles sentido, reconciliación y purificación, ellas se transformarán en maestros.

A veces, en su extrema búsqueda de armonía, La Templanza recorta el sentido que más le conviene para estar en paz, a costa de la omisión, la discriminación y la evasión de las cuestiones terrenales que puedan causarle incomodidad. Además, puede ser riesgosa la noción de luz desde un sentido moral como superior o mejor que la sombra; de ser así, tiende a ser obtusa e inclusive falsa, al exigir vínculos desde una cara correcta, forzando un estado de ánimo hegemónico que tal vez no le es propio ni tampoco le da real alegría. La clave está en la integración de los opuestos, sin juzgar ni tener que elegir un polo por sobre el otro.

A nivel genealógico, La Templanza podría representar la figura de un familiar ya fallecido que, de alguna forma, se hace presente para manifestar, desde el misterio espectral, su protección y cuidado. También nos manifiesta la necesidad de estar en paz con todos los representantes del clan familiar, sin importar lo que hayan sido. Después de la guerrilla al clan que se propicia en el Arcano Sin Nombre, La Templanza nos recuerda que la savia de cualquier árbol genealógico es siempre el amor desde su mayor alcance, pues el amor sana, nutre, reconcilia y da vida. Y si tenemos padres o referentes que fueron violentos o abusadores, esta carta nos lleva, desde un procedimiento espiritual, a vislumbrar el gen de violencia transgeneracional sanando la línea genealógica siempre desde el amor para, al menos desde este eje de consciencia, no volver a replicar la anomalía en la expresión de esa savia que muchas veces queda en estado de frustración.

COMO AMULETO, este arquetipo nos introyecta la compasión, la reconciliación y la calma para sobrellevar estadios de intenso tránsito. También es ideal para reestablecer la salud física pues, como compañera de enfermedades y sus procesos, regenera tejidos, devolviendo el flujo interno vital.

¿QUÉ SERÍA LA VÍA MEDIA PARA MÍ (LO QUE NO ES BLANCO NI NEGRO)?

¿ME TRATO A MÍ MISMO CON BENEVOLENCIA Y AMOR PROPIO?

XV
EL DIABLO

EL DIABLO XV

El Diablo nos invita a mirar las profundidades no reconocidas. Es hora de hacer visible y reconocer en nosotros mismos todo lo anulado y bloqueado de lo que, al aparecer, creemos que no nos pertenece (y sin embargo sí podemos percibirlo en los otros).

El Diablo tienta, y la tentación del Diablo consiste en dejarnos llevar por los instintos más prohibidos y refrenados, que se albergan muchas veces en el espacio de lo prohibido. Por eso es el arquetipo de lo amoral —que no es lo mismo que inmoral, pues El Diablo no acepta sobre sí mismo categorías del bien o del mal—. Antiguamente, los dioses no se mostraban perfectos, sobre todo antes del cristianismo, que estableció el bien y el mal como una vía de ordenación del comportamiento colectivo. Eran envidiosos, vengativos, tercos, lascivos, y sucumbían una y otra vez a las tentaciones de naturaleza humana no moralizada.

Así, El Diablo es una carta de muchísima energía y de potencial creativo, pujante e intrépido como el magma, que es el contenido de todas las cosas, su fuerza interna, el fuego, que arde al tiempo que mueve la misma vida.

Una de las primeras manifestaciones de este arquetipo fue en el origen del teatro: los ditirambos, esas danzas rituales en honor a Dioniso, donde se bailaba, se tomaba vino, se vivían la fiesta y las orgías. De alguna manera, todo eso representaba una celebración de la vida y de la fertilidad de las tierras.

Sin embargo, con el tiempo se demonizó este Diablo y el ángel Lucifer de la Iglesia Católica fue expulsado; de paso, una parte de nuestra naturaleza humana también fue amputada. Ahora bien, es cierto que El Diablo puede ser retorcido, seductor, ambicioso, traicionero, estafador y mentiroso porque, de alguna forma, la prohibición propicia que estas zonas sombreadas se vuelvan más subterráneas y generen muchas veces terror y retorcimiento. Aunque no las vemos están ahí, latiendo constantemente.

Pero lo que menos quiere El Diablo es provocar espanto; lo que ansía es reconocimiento y que nos riamos junto a él. Se trata de un arquetipo de un enorme sentido del humor, que pide con todas sus fuerzas que abracemos nuestras sombras y nos aceptemos riéndonos de nosotros mismos, dejando de ver la oscuridad fuera de nosotros para sublimarla, desde lo personal hasta lo colectivo, hacia una fuente de creación y acción, hacia la exaltación de la propia vida.

Si no lo vemos, nos gobierna, nos manipula y creemos tener el control de una situación cuando en realidad no es tan así. Es por eso que podemos entrar en recovecos de la autodestrucción propia o la de otro; pero, en verdad, El Diablo más que destruir quiere crear, porque sabe que esa energía que yace en su animalidad poderosa podría tomar una vía potente, única y dinámica. Sin embargo, a veces tememos nuestras propias potencialidades: es más fácil envidiar a los que crean con esta energía que permitirnos a nosotros mismos construir.

A nivel genealógico, El Diablo nos puede hablar de cuestiones ocultas en el clan familiar (incestos, estafas, suicidios, destierros, etcétera), encubiertas durante décadas y que necesitan salir a la luz para no replicarse. También podría hablarnos de una relación basada en el control y en la posesión, donde en lugar de afecto había celos e inseguridad, violencia física, ira entre miembros de la familia, competencia entre hermanos y odios que envenenaron el fruto del amor. También nos propone, casi de la mano de estos efectos, iluminar estas zonas oscuras, para sanarlas, aceptarlas y, de alguna manera, redefinirlas.

COMO AMULETO, El Diablo nos aporta la conexión con todo nuestro potencial creador para llevar adelante cualquier idea o proyecto sin límites ni inseguridades. También nos otorga vitalidad y energía para accionar, aportando pasión y deseo a lo que hacemos, y salir del letargo y del aburrimiento cotidianos.

¿PUEDO IDENTIFICAR MIS SOMBRAS?

¿ME PERMITO DISFRUTARLAS?

¿LAS CANALIZO DESDE LOS PLACERES O LOGRO SUBLIMARLAS HACIA CONSTRUCCIONES CREATIVAS Y/O CONSTRUCTIVAS?

• XVI •
LA TORRE

LA TORRE XVI

La Torre es una estructura sólida que, en el mismo instante en que nuestra mirada se pone sobre ella, comienza a destruirse. Podemos resistirnos, sí, pero a estas alturas del viaje no tenemos control de absolutamente nada; lo único que controlamos o creemos controlar es nuestra mente y el ego humano.

Todo lo que proyectamos y teníamos perfectamente ordenado y planificado en este estadio tiende a derrumbarse. Por lo general, el impacto llega desde afuera: una noticia que nos supera, un inconveniente, un accidente, un diagnóstico médico, una quiebra, una pandemia, una separación o cualquier suceso súbito que cambie el sentido de las cosas. Los cuatro centros energéticos se desordenan; perdemos el control y no nos queda más remedio que vivir el caos, entregándonos a un nuevo e impensado flujo que la mente no comprende.

Hay un principio metafísico que dice que todo lo que es afuera es adentro y viceversa. En esta carta es evidente que lo que viene de afuera, aunque el intelecto no quiera aceptarlo, es creado desde el interior, la mayoría de las veces de modo inconsciente y habitualmente para liberarnos de algo que nos oprimía.

La Torre cambia el estado de las cosas y ese impacto nos interpela, nos duele y nos inquieta. Con el paso del tiempo se comprende el sentido de todo esto, o al menos se logra ver con perspectiva el antes y el después. Porque, de alguna manera, La Torre es un cambio de paradigma que, a diferencia del Arcano Sin Nombre (que también lo es), no decidimos. No está en nuestras manos el cuándo ni dónde ocurre; sin embargo, el cambio viene a ordenar y a poner de manifiesto lo nuevo.

No siempre La Torre tiene que ver con sucesos difíciles; al contrario, la cualidad de este relámpago no siempre es la negatividad y muchas veces puede remitir a una sorpresa inesperada, a un llamado o a un trabajo que cambie el signo precedente. En vez de considerarla una carta negativa, es mejor verla como un exabrupto necesario para purgar, limpiar, cambiar, liberar y poner punto final a lo que ya no se puede seguir sosteniendo.

La Torre, cuyo verdadero nombre es La Casa Dios, nos devuelve la consciencia de que lo esencial está más cerca de lo que pensamos. La Casa Dios es nuestro cuerpo humano y nuestro planeta Tierra. Al ser impactado, nos vuelve a mostrar la vulnerabilidad que pide escucha, consciencia y, de alguna manera, nos propone volver a habitar el hábitat real, que no está en la mente sino en el cuerpo. Es lo único que tenemos; en el interior de sus formas, habita nuestro Dios interior, que en este instante pide cuidar su continuidad vital.

A nivel genealógico, este arquetipo puede representar los episodios donde se generan los nudos o desórdenes del sistema familiar, ya que en La Torre también inician modelos y sistemas de creencias construidos a partir de, por ejemplo, una quiebra, una muerte, un cambio de país, un accidente, una separación o cualquier otro suceso que haya servido de bastión narrativo en una familia. Las familias se construyen desde las historias, que devienen en ficciones. Es justo en

La Torre cuando la realidad cae de golpe y derrumba lo que ya venía sosteniéndose solamente sobre narrativas sin contenido.

COMO AMULETO, esta carta nos puede abrir la posibilidad al cambio; nos ayuda a flexibilizar la mirada, facilitando medios de acción. De algún modo, La Torre abre caminos.

¿QUÉ HECHOS TENGO CATALOGADOS COMO TRAUMÁTICOS O CATASTRÓFICOS PARA MI MENTE Y MI CORAZÓN?

¿PODRÍA DEJAR DE CONTAR MI VIDA DESDE LA HERIDA?

¿HAY UNA PARTE NUESTRA QUE SE QUEDÓ AHÍ, EN AQUELLOS TIEMPOS? ¿POR QUÉ?

XVII
LA ESTRELLA

LA ESTRELLA XVII

Las estrellas irrumpen, guiándonos y brindándonos la posibilidad de conectar con la brújula interna. Se nos permite encontrar un lugar en el presente, en la Tierra. Algo se manifiesta a través nuestro, devenimos canales para encauzar la voluntad de nuestro propósito. Es la carta chamana del Tarot.

La estrella es una carta de conexión y entrega. Nos propicia la posibilidad de expandir los límites de todo lo que creíamos posible; la claridad y la fusión con el todo, como esos momentos en que las cosas cobran sentido. Sea cual fuere la situación, estamos absolutamente involucrados como parte de lo que acontece.

En este arcano tenemos la oportunidad de reconectar con las fuentes y vivirlas plenamente, esa conexión entre las estrellas y el cuerpo naturaleza de la mujer nos permite accionar sin vacilación.

De sus vasijas sale el flujo de la vida, del soltar y del expresar, de la espiritualización de la materia y viceversa, y así crea una aceptación de las situaciones, al tiempo que se purifican las emociones con la desembocadura de lo que inquietaba.

Es un estadio de tanta seguridad de lo que hacemos y de dónde estamos que podría también traducirse como falta de reflexión o como agotamiento de dar sin filtro o a contracorriente de nuestro estado corporal. Sin embargo, nos sentimos en contacto con el todo, teniendo en cuenta que todo es parte de una gran red.

Si bien el personaje femenino de La Estrella está solo, no se siente sola: está cumpliendo su parte dentro del espacio que ella eligió para, ojalá, contribuir a algo más universal que pueda nutrir el mundo para devolver su amor infinito por lo creado.

Este accionar sin filtro también puede ser fruto de insatisfacciones del pasado, que nos vuelven intransigentes, avasalladores o poco reflexivos. La gran pregunta para la mujer de La Estrella a fin de saber si su acontecer es fluido o estancado es si lo que hace nutre, pues da algo al mundo, o por el contrario está demandando algo al mundo inconscientemente. Por ende, lo empobrece; tal vez hasta está contaminándolo.

El nivel más elevado de esta consciencia es conectar con el planeta como ser vivo que sostiene y guía nuestro rumbo, brindándonos confianza en el tránsito de vida al que pertenecemos efímeramente, como todo lo que nos rodea en la naturaleza: la verdadera maestra.

A nivel genealógico, La Estrella nos conecta por primera vez con un estado propio y transparente con nosotros mismos, pues hemos conectado con las estrellas, que están más lejos de La Luna y El Sol, más cerca de la divinidad que anida en nosotros mismos. La Luna y El Sol son *mamá* y *papá*; las estrellas somos nosotros mismos. Brillamos con luz propia en una red de estrellas y constelando fuerzas de un todo siempre más amplio. Pues La Estrella desnuda la fantasía, lo que nos permite desplegar sin limitaciones el contenido divino que venimos a manifestar, más allá de cualquier identidad que haya sobre nosotros. Se abre nuestro propósito porque, ante todo, somos hijos de la Tierra y las estrellas nos lo recuerdan.

COMO AMULETO, esta carta nos introyecta la posibilidad de limpiar nuestras emociones a través de nuestras acciones. Nos ayuda a encontrar un sentido a nuestro presente, abriendo la guía interna y externa; La Estrella abre el portal de lo sincrónico al comprender profundamente que todo está relacionado con todo.

¿EN QUÉ MOMENTOS ME HE SENTIDO FLUIDO Y CONECTADO CON EL TODO?

¿QUÉ ES PARA MÍ ESPIRITUALIZAR LA MATERIA? ¿LO SENTÍ ALGUNA VEZ?

¿ESTOY EN CONEXIÓN CON MI PROPÓSITO?

·XVIII·
LA LUNA

LA LUNA XVIII

La Luna es el arquetipo de la noche, que apela a nuestro máximo sentido de receptividad. En la noche debemos caminar sin preocuparnos del ver consciente, más bien es posible conectar con el sentir y *ver sin ver*. Es una carta de agua, profunda y poética; su potencia surrealista desdibuja la razón y si confiamos en su sabiduría y belleza, podemos conectar con los mundos que se ocultan bajo lo evidente, para abrir las sensaciones que están al revés de las formas.

Es un arquetipo materno y nutricio, que marca el espacio en nuestro interior, donde nos sentimos seguros o denota el caos y miedo más intrínsecos. Las emociones son movidas por esta luna cambiante que, en verdad, no cambia nunca: más bien cambia nuestra percepción respecto de ella al mismo tiempo que nos toma y nos puede hacer brotar el llanto, el miedo, la locura, así como también la poesía, la intuición y la magia.

En este paisaje poblado de retazos de inconsciente, al permitirnos devenir en la misma noche, venciendo el temor para confiar con los ojos cerrados en la oscuridad uterina, humedal eterno, surge la luz más preciada: la intuición. Y posteriormente surge su reconocimiento, pero nunca conocimiento, pues la intuición es siempre una experiencia: jamás se dejará atrapar por la ciencia.

Es imposible definir lo indefinible, es más grande y profundo aún. Solo podemos movernos en el vaivén de sus olas claras y oscuras, que a ratos poetizan y a ratos nos inundan.

En La Luna se deja ver una posibilidad de camino, del cangrejo a la luna, de lo más profundo y sin perspectiva a la aceptación del misterio con confianza.

A nivel genealógico, habla de todo el clan materno, el universo femenino y la maternidad como arquetipo y construcción sensible. En La Luna se manifiesta además la nutrición materna, su herencia, su huella y el punto ciego o lado oculto, que late fuerte y cercano a nuestros miedos más primigenios.

También los animales pueden representar a dos hermanos en relación con la madre; la carta también podría manifestarnos desórdenes sistémicos en los roles de madre y de hijo. Los secretos familiares y las omisiones de ciertos hechos están presentes en La Luna; sin embargo, aunque se oculten información o datos de nuestro origen, inconscientemente sentimos que eso que no se ve está de alguna manera presente.

COMO AMULETO, es propicia para sentir y dejarnos llevar por las inteligencias no racionales. Es una carta inspiradora y de belleza misteriosa, por lo cual aporta la cuota de misticismo y conexión con el mundo de las energías que a veces, como portales, nos posibilita vincular con lo intrínseco de las situaciones.

¿CÓMO ME VINCULO CON LOS ESTADOS EMOCIONALES QUE NO TIENEN LÓGICA NI CONEXIÓN CON EL PRESENTE?

¿ME DEPRIMO, EVADO O LO TRANSITO?

¿HE CAMINADO A CIEGAS POR UNA NOCHE SIN LUZ ARTIFICIAL?

¿QUÉ SENSACIONES TENGO AL HACERLO?

XVIIII
EL SOL

EL SOL XVIIII

El Sol trae la claridad necesaria para volver a definir las formas y los contornos de todas las cosas gracias a que es posible ver y poner en palabras lo que hasta La Luna se manifiesta en la intuición y en la sensación. La apertura en El Sol posibilita consciencia y creación, al tiempo que nos energiza en la tarea de trabajar y expandir nuestra mirada sobre nosotros.

Ya no somos los mismos; lo vemos con claridad. Es hora de abandonar antiguos estandartes de lucha, de honrar lo que fuimos y seguir el camino. ¿Por qué? Pues porque El Sol es un sol de mediodía, un sol intenso que, así como deja ver, también encandila la mirada. Cuando logramos ver o tomar consciencia de una situación, es más recomendable accionar, crear, construir y actuar en concordancia que eternizar el instante de mirar, ya que la luz del Sol en los ojos podría ocasionar exactamente lo contrario: el espejismo.

El Sol también propone colaboración y legitimación; en él radica la luz interna que prende nuestras sombras para devenir en apertura y un reconocimiento que podría venir de las esferas legitimantes, como un jefe, un padre, un sistema, una sociedad. Ese ente legitimante nos acredita y nos reconoce; sin embargo, lo más fluido de este arquetipo es poder devenir uno mismo en ese sol, y no depender siempre de que otro nos ilumine o nos habilite.

Reconocernos regenerados y listos para dar el salto de consciencia es clave; aquí se nos muestra que ya no somos los seres atados a nuestros pequeños conceptos limitantes, sino que más bien hemos trascendido las heridas infantiles para devenir en generadores de brillo para los que vendrán. El Sol también es colaboración entre personas distintas pero, además, entre diversas fases de nosotros mismos.

Ya no estamos atados al submundo de El Diablo, las tentaciones, la ansiedad ni lo reprimido, sino que nos abrimos a la aceptación, el brillo propio y el devenir de la sombra en comunicación y luz. No es que la luz tenga más valor que la sombra: ambas son complementarias. Sin embargo, la funcionalidad de la luz en este caso es dejar ir lo que nos ataba, pues al hacer consciencia y foco en lo que estaba en sombra dejamos de ser presos de lo que no vemos.

Si en El Mago veíamos a nuestro niño interior dudoso (con necesidad de aceptación y legitimación), aquí ya dejamos de pedir al padre que nos entienda o a la sociedad que nos acepte. Más bien somos los que operamos como padres de nosotros mismos, aportando luz, confianza, colaboración y apertura de camino.

Antiguamente, desde la mirada no evolutiva del Tarot predictivo, esta carta se consideraba un éxito laboral o económico. Tomo este ejemplo para evidenciar que la noción de éxito en el Sol no debería venir de afuera, sino del propio balance de nuestros resultados, entendiendo que nadie mejor que nosotros mismos sabe las peripecias de nuestros procesos secretos.

A nivel genealógico, El Sol representa al padre, ya no como un padre en un plano humano, sino en el sentido de las inclemencias de la paternidad. Es el que iluminó el camino y nos reconoció como hijos o, al contrario, el que nos opaca constantemente con su luz inalcanzable. Puede ser un padre jefe de un negocio familiar o un padre jefe de hogar, que encandila a sus hijos devenidos en súbditos, dado que el Sol también es el ego, y un padre que no quiere soltar su jerarquía deja a sus hijos como eternos niños. También El Sol nos habla de la hermandad y de la pareja. En el caso de los hermanos, podrían estar compitiendo por el reconocimiento del padre o colaborando, según el sistema de creencia que manejen. Y, como pareja, es constructiva, aunque tiene el riesgo de transformarse en una pareja que traslada el deseo a la construcción de proyectos en común.

COMO AMULETO, El Sol aporta visibilidad y claridad a las confusiones; permite vislumbrar una vía de acción posible y nos reconecta con la seguridad de la razón y con el cuerpo.

¿CUÁNDO SOY SOL O LUZ EN LA VIDA DE LOS DEMÁS? ¿ME DOY ESA MISMA LUZ A MÍ MISMO?

¿ME EXIJO EMOCIONALMENTE O ME LEGITIMO AMOROSAMENTE?

¿CÓMO ME VINCULO CON LA FIGURA DE MI PADRE?

XX
EL JUICIO

EL JUICIO XX

El Juicio es un arquetipo que, ante todo, nos propone evolucionar, transformarnos y ampliar nuestra percepción del mundo y de nosotros mismos, junto con una nueva consciencia que se abre, al tiempo que mutamos hacia lo nuevo. Todo lo que ha estado en el submundo, sin posibilidad de apertura, aquí nace o renace para hacer valer su tiempo presente en expansión.

Se abre el llamado al centro de la consciencia, y el personaje que hasta ahora era custodiado por sus construcciones limitantes está presto a expandirse y seguir la invitación musical del ángel al misterioso llamado de la evolución. El progreso planteado en este arquetipo trascendental es un paso que pone de manifiesto una especie de desenlace que, paradójicamente, continúa en un mundo nuevo. Estamos ante la posibilidad de un cambio de atmósfera definitivo originado desde la música del ángel que viene desde un lugar esencialmente espiritual.

El Juicio es el despertar de la consciencia plena a una situación que posibilita un crecimiento o una expansión en cualquier ámbito de nuestra vida. Lo único que podría impedirlo, más que un factor externo, serían nuestras propias resistencias a crecer. Esas resistencias pueden tener que ver con no querer abandonar nuestras jaulas, dado que de alguna manera nos acomodamos a los límites impuestos por mera seguridad o por temor a perder lo obtenido desde lo conocido o dado por la fuente de crianza.

El Juicio anuncia que algo ya está presto a abrir las alas para seguir este llamado, pues lo único que pide este estadio de nosotros es la aceptación.

En la parte inferior de la carta, el personaje que emerge está junto a la figura femenina y masculina: luna y sol, madre y padre. Luego de los arquetipos anteriores, es hora de salir del nido, representado como una tumba; esa cuna no es la vida propia, sino más bien donde los progenitores contuvieron al niño hasta que estuviera apto: el llamado a volar con alas propias es ahora.

Es necesario dejar las construcciones anteriores para liberarse de cuestiones pendientes, emociones engullidas, resentimientos, culpas; es hora de disolver lo que fuimos para aceptar con entereza lo que esta transición tiene preparado para nosotros. Este arquetipo facilita lo que esperamos durante mucho tiempo; habría que ver si aceptamos el deseo o tememos crecer.

Es clave despedir y enaltecer quiénes fuimos y aceptar que estamos llamados a ir tras nuevos horizontes.

A nivel genealógico, El Juicio representa una familia: mamá, papá y su hijo presto a volar y, justamente, dar paso al fenómeno del nido vacío. En muchas familias, son los propios padres los que impiden la llamada personal del hijo por miedo a dejar en evidencia nuevamente la pareja, sin hijo. Esta carta evoca una sesión de constelación familiar, pues el hijo, para poder hacer caso a este llamado de expansión, necesita liberarse de condicionamientos y lealtades que podrían hacerle sentir que no es merecedor de su libertad. Por supuesto, también habla del aferramiento a la familia de origen, pero pareciera que en este estadio todo está dado para seguir el rumbo propio, despegándose de los patrones conocidos. Honrar y agradecer a la familia de origen en esta carta es vital, dado que la única manera de liberarnos de las antiguas demandas o sensaciones de carencia es aceptar que, gracias a que los padres fueron como fueron, hoy estamos parados justo en el plano de la consciencia evolutiva, para quitar trascendencia al lugar en que nos ubicaron sistémicamente en el árbol de la familia, para darle lugar a lo genuino y novedoso de nuestro propio llamado en este viaje.

COMO AMULETO, nos despierta la mirada, la intuición y la posibilidad de escuchar y ver, pues El Juicio agudiza nuestros sentidos y nos permite estar abiertos a las señales que el universo nos regala todo el tiempo con su sutileza cotidiana y extracotidiana.

CUANDO PERCIBÍ LOS LLAMADOS DE LA VIDA QUE HAN GENERADO CAMBIOS DEFINITIVOS, ¿HE SENTIDO RESISTENCIA, O EN GENERAL LOS ESPERO Y ME ENTREGO SIN RESERVAS?

¿PUEDO RECORDAR ALGUNAS SEÑALES QUE CAMBIARON MI VIDA?

LAS PAREJAS DEL TAROT

En los 22 arcanos mayores del tarot existen once parejas que, si bien no pretenden ser binarias, son complementarias y trabajan juntas, creando un influjo aun mayor que una carta en sí misma. es muy interesante juntar estas parejas como un segundo paso concreto para abordar el lenguaje del tarot, así como también para identificar, en ciertas estrategias de lecturas, una relación directa entre una carta y otra. Los contenidos que se pueden extraer de estas parejas son múltiples; aquí dejaré algunos a modo de disparadores.
Las once parejas son las siguientes:

EL LOCO Y EL MUNDO

El Loco aporta la esencia y el movimiento, mientras que El Mundo, la dirección y la materialización que necesita El Loco para no caer en el extremo intangible. Esta pareja se imanta, se atrae y representa el comienzo y el final, dos partes amalgamadas de todo lo que existe. Aquí se deja ver el secreto de todo lo que está hecho. Un Mundo sin El Loco es un Mundo sin alma.

EL MAGO Y LA FUERZA

Es la pareja de los inicios, cuando la clave es comprender que El Mago aporta la inocencia y la conexión con nuestro niño interior, mientras que La Fuerza nos conecta con nuestro animal interior. El niño y el animal son elementos clave para apoyarnos y fortalecernos a la hora de comenzar procesos. El niño sin el animal corre el riesgo de volverse mental y desconfiar de sí mismo, y así perder el impulso y la garra. El animal sin el niño se puede transformar en una amenaza pues, de adultos, perdemos esa conexión genuina con nuestra parte más pulsional, e incluso podemos llegar a sentir temor de nuestros propios deseos.

LA PAPISA Y EL PAPA

Es una pareja abocada al conocimiento y a la comunicación de contenidos. La Papisa es el contenido de las cosas y El Papa, el comunicador activo de eso que ella gesta o incuba. La Papisa sin El Papa se encierra y engulle al desconectarse del mundo externo, mientras que El Papa sin La Papisa corre el riesgo de comunicarse sin haber pasado por su vivencia o sin sentir eso que dice. Ambos no se miran porque son arquetipos de servicio y de canalización energética.

LA EMPERATRIZ Y EL EMPERADOR

Esta pareja manifiesta el equilibrio perfecto entre la creatividad y el orden, entre el gesto auténtico de La Emperatriz y la estructuración de El Emperador. Una Emperatriz sin El Emperador corre el riesgo de vivir en el caos constante y sin la noción de responsabilidad, mientras que El Emperador sin La Emperatriz puede caer preso de sus estructuras, perdiendo capacidad de improvisación y fluidez.

EL ENAMORADO Y LA TORRE

Esta pareja tiene que ver con los estadios de vincularidad. En ambas cartas se halla presente nuestra relación con un otro. Es vital entender que el aprendizaje de esta pareja radica en que, cuando realmente nos vinculamos, es necesario que nos transformemos, pues un otro nos impacta, deja memorias y trae memorias. El Enamorado sin La Torre corre el riesgo de vivir en vínculos simbióticos y aprisionados, pues La Torre es la que da el aire y el espacio personal de cada parte vincular. La Torre sin El Enamorado se vuelve poco empática, rupturista, sincericida y extremista al perder el sentido de la empatía y el cuidado por el otro.

LA RUEDA DE LA FORTUNA Y EL JUICIO

Esta es la pareja encargada de cerrar procesos y ciclos, al mismo tiempo que nos aporta claridad para dejar de repetir los patrones del pasado. Una Rueda de la Fortuna sin el Juicio gira incesantemente sobre su eje y, tal vez, no evoluciona ni abre la mirada a lo trascendente. En cambio, El Juicio sin La Rueda no se permite licuar las experiencias pasadas para dar paso al llamado del ángel.

LA JUSTICIA Y EL ERMITAÑO

Esta pareja trabaja en la construcción del espacio íntimo necesario para volver a lo personal y al recogimiento. Como son cartas consecutivas, podríamos pensar que La Justicia aporta, con su mirada interior, un discernimiento necesario para que El Ermitaño pueda procesar y compostar, en su soledad, el duelo o el asentamiento de su sabiduría. Una Justicia sin Ermitaño se vuelve fría, calculadora y negacionista, mientras que un Ermitaño sin Justicia no encuentra el espacio ni el sentido de eso que está transitando en su mundo interno.

EL CARRO Y LA ESTRELLA

Esta pareja nos conecta con la acción en el mundo en que vivimos. El Carro está relacionado con las lógicas humanas y terrenales, y La Estrella, con su propósito trascendente. Es vital que El Carro equilibre su accionar con La Estrella, así encuentra un sentido más amplio que el simple éxito económico o de crecimiento comercial. La Estrella, en cambio, requiere apoyarse en las vestiduras del Carro como elemento de protección y autocuidado para evitar la sobreexposición y, por ende, su vulneración.

EL COLGADO Y EL ARCANO SIN NOMBRE

Estos dos arcanos vendrían a funcionar como la oruga y la mariposa, aquellos dos estados entre el ser y el no ser, entre nacer y morir, entre lo que se gesta y lo que se manifiesta. Un Colgado sin su Arcano Sin Nombre no nace: se embarga de miedo y prefiere vivir escondido y al margen del mundo, mientras que El Arcano Sin Nombre despojado del Colgado corre el riesgo de volverse iracundo y destructivo porque sí, al carecer de la consciencia que aporta El Colgado a la hora de identificar los patrones que estamos transmutando.

LA TEMPLANZA Y EL DIABLO

Aquí, la pareja de ángeles del Tarot —el ángel de la luz y el ángel de las sombras— trabaja en conjunto, sublimando, templando, creando y devolviendo la vitalidad al influjo del Arcano Sin Nombre. Una Templanza sin su Diablo puede volverse puritana, moralista e incluso temerosa de su propio potencial sexual creativo, mientras que El Diablo sin La Templanza pierde empatía y se desconecta del aspecto afectivo. Puede llevarlo a destruir y manipular a otros, o a él mismo, al anestesiar su sentir.

LA LUNA Y EL SOL

La noche y el día. Esta pareja es la representación perfecta de los dos momentos que completan un día. Ambos trabajan en colaboración, como el lado derecho y el lado izquierdo del cerebro, el sagrado femenino y el sagrado masculino. Una Luna sin Sol corre el riesgo de perderse en sus emociones, y puede caer en depresión o en fantasía. En cambio, El Sol sin La Luna puede volverse omnipotente y egocéntrico, y creer que todo lo que ilumina es parte de una única realidad.

Conocer estas parejas puede ser de ayuda para ampliar o profundizar una posible lectura en el caso de que ambas cartas estuvieran presentes, o bien para completar el trabajo de un arcano cuando sentimos que nos falta información.

En el próximo capítulo les dejo una lectura genealógica, que se puede comprender con estas relaciones entre los arcanos.

EL ARCANO PERSONAL Y EL ARCANO DEL AÑO

Existe una forma de identificar nuestro arcano personal; este servirá para tomar consciencia del trabajo evolutivo para nuestra vida. Muchas veces, al enterarnos de cuál es, podremos sentirnos muy identificados o quizá, por el contrario, sentirlo muy alejado de lo que percibimos de nosotros mismos. Ambas posibilidades nos ayudan a trabajar con lo que ya sabemos de nosotros y, por ende, deberíamos integrar las energías del arcano siguiente. En cambio, si no lo reconocemos en nosotros, tal vez el trabajo será hacer visible esa cualidad para integrar y fortalecer algún aspecto no consciente.

Para calcular el arcano de nacimiento o arcano de vida, necesitamos sumar los dígitos de nuestra fecha de nacimiento.
Por ejemplo: si naciste un 14 de octubre de 1982 (14/10/1982), escribirás en un papel:

1 + 4 + 1 + 0 + 1 + 9 + 8 + 2 = 26

Si la suma da un número entre el 1 y el 22, podremos atribuir directamente un arcano mayor del Tarot en relación con su correspondencia numérica (ejemplo: 1 = Mago, 2 = Papisa, 3 = Emperatriz, 4 = Emperador, etc.).

El número 22 se lo adjudicaremos a El Loco. Y si obtenemos un número del 23 para arriba, haremos lo que se llama *reducción numérica* sumando ambos dígitos. Para seguir con el ejemplo, donde el resultado es el número 26, sumaremos 2 + 6 = 8, y entonces el arcano de nacimiento será La Justicia.

Para conocer el arcano del año (que determinará el trabajo energético que tendremos cada año), haremos la misma sumatoria pero, en lugar de sumar el año de nacimiento, pondremos el año en curso o el año que queremos investigar. Así:

1 + 4 + 1 + 0 + 2 + 0 + 2 + 1 = 11
(en este caso, el arcano del año 2021 sería La Fuerza).

Estos arcanos serán guías en relación con lo que debemos integrar o disolver para ampliar nuestro campo de acción y consciencia. Recordemos que un arcano, o incluso un signo astrológico, corresponde a un patrón y, como todo patrón, tarde o temprano, al reconocerlo y trabajarlo también habrá que trascenderlo.

Es interesante hacer dialogar el arcano de nacimiento con el arcano del año, pues ahí se genera un intercambio que propone una pequeña frase tarológica para repensarnos y evidenciar un trabajo para la consciencia.

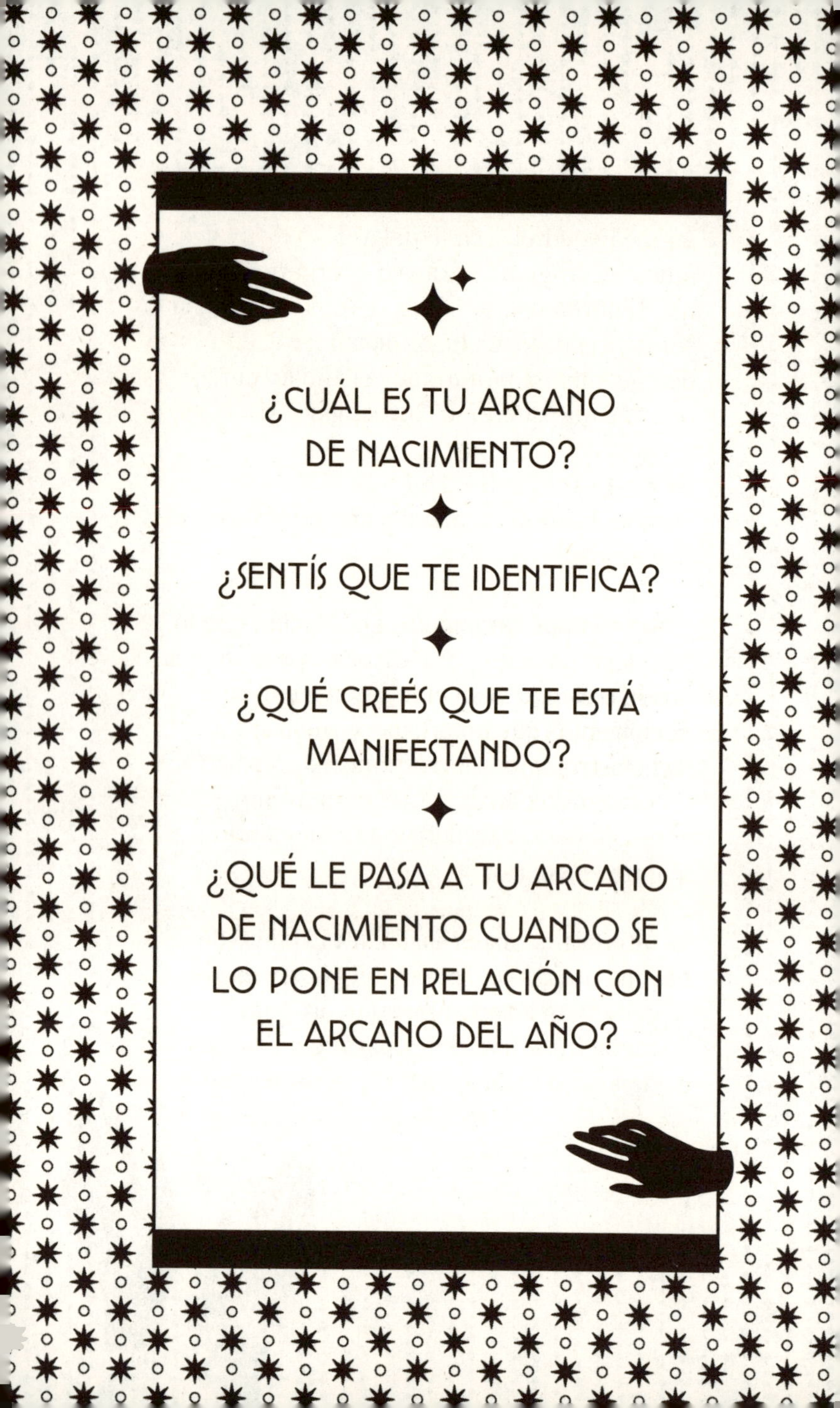

¿CUÁL ES TU ARCANO DE NACIMIENTO?

¿SENTÍS QUE TE IDENTIFICA?

¿QUÉ CREÉS QUE TE ESTÁ MANIFESTANDO?

¿QUÉ LE PASA A TU ARCANO DE NACIMIENTO CUANDO SE LO PONE EN RELACIÓN CON EL ARCANO DEL AÑO?

LA LECTURA DE TAROT

SE CARECE DE OÍDOS PARA ESCUCHAR AQUELLO
A LO CUAL NO SE TIENE ACCESO DESDE LA VIVENCIA.

GILLES DELEUZE

En general, si bien uno aprende a leer poniéndose al servicio del Tarot, también es cierto que uno aprende poniéndose al servicio de los consultantes. En mi caso, cuando comencé a leer, parte de mi familia y conocidos de la adolescencia se habían enterado de que tenía un mazo de Tarot y me pedían que les hiciera todo tipo de predicciones. Yo, inocente, hacía que el Tarot se pusiera al servicio de sus caprichos y ansiedades: ¿Cómo me irá en el amor? ¿Encontraré una pareja? ¿Llegará dinero a mi vida? ¿Quién me hizo un trabajo de hechicería? ¿Estoy embarazada?

Lo que puedo rescatar de esa época es que aprendí mucho de la dinámica del trabajo con los otros, situarme frente a frente, aprender a escuchar, a empatizar con ellos y sus historias porque, en definitiva, lo que cada uno dice de sí mismo da cuenta de nuestro nivel de consciencia y la relación con lo que nos acontece.

Comprendí que detrás de sus anhelos de futurología se escondían dolores, frustraciones y grandes miedos que se develaban junto con sus secretos. Muchas veces los consultantes simplemente necesitan hablar y escucharse, así como también otros están esperando que alguien les diga lo que ya saben pero que, al carecer de confianza en sí mismos, preguntan al Tarot para reafirmar su percepción. Siempre supe de manera intuitiva que la respuesta a sus preguntas no estaba en el Tarot sino en ellos mismos, y que el Tarot no era más ni menos que un espejo capaz de derribar las barreras, resistencias y máscaras por un tiempo para que ocurriera el fenómeno no cotidiano de la magia y la sincronía que generalmente trae consigo una respuesta que aporta cierta claridad.

En esa época, como si fueran recetas de cocina, sacaba de libros las estrategias de lecturas o tiradas y seguía al pie de la letra cada indicación. Al mismo tiempo, me forzaba para responder lo incontestable, pues aún no tenía un enfoque claro —a los diecinueve años nadie tiene la vida enfocada—. Y la idea preconcebida de que el Tarot adivina cargaba mi accionar poco a poco de karma y energías densas. Mientras en esos años respondía con las cartas a todas las necesidades, incluso las que me excedían, dentro de mí empecé a sentir temor. El Tarot no solo interpelaba a mis consultantes sino que había algo mío que necesitaba dejarse atravesar por la vida, y en una primera instancia claramente el Tarot no había llegado a mí para leer el futuro. Algo más poderoso y amplio me inundaba, pese a que al mismo tiempo no era mi momento para comprenderlo.

Siempre he pensado que las cosas son y se comprenden cuando se está preparado para ello, y la vida se encarga de ordenar sus elementos en tiempo y espacio. Esto quiere decir que el Tarot no es un medicamento para la ansiedad; considerarlo así sería de alguna manera rebajarlo.

El Tarot hizo de las suyas y cuando tenía veinte años se me presentaron en un sueño los 22 arcanos mayores del Tarot de Marsella: recuerdo que los personajes, representados en un gran tamaño, me hablaban de forma severa. Tuve que soportar el sermón de cada una de ellos; al despertar, tenía 40 grados de temperatura y deseos de no ver más mis cartas. Algo estaba haciendo sin plena consciencia y mi inconsciente me lo advirtió a través de un sueño. Tuve que regalar mi mazo, me dio miedo. Y, sin saberlo, comencé un proceso de desintoxicación de tanta información mal enfocada durante años.

Mi relación con el Tarot entró en un terreno de sombra que duró al menos ocho años, hasta que conocí a Alejandro Jodorowsky, al comienzo a través de su arte —el cine y su cabaret místico—, y luego al ver que se trataba de alguien que por primera vez trabajaba el Tarot de forma evolutiva, responsable, creativa y profunda. Aquello fue lo que más me apasionó. Aprendí muchísimo de él, más que de ningún otro maestro, pues me enseñó a creer en mí mismo, no me hizo imitarlo ni tampoco me enseñó fórmulas de lecturas inútiles; al contrario, contribuyó a desarrollar en mí la confianza para que de a poco fuera yo mismo el co-creador de mis propias maneras de leer el Tarot. A su forma de analizar las cartas él la denominaba la lectura "abierta" sin estructura previa, más bien dejando que las mismas cartas y nuestra intuición pudieran seguir el desarrollo que pide cada situación en particular. Tres cartas pueden devenir en cinco, o a veces solo una basta para abrir un mundo. Tenemos que confiar y saber escuchar la pregunta, el momento, el consultante, a nosotros mismos, la situación, y lanzarnos a hacer con las cartas lo que sintamos que es necesario en ese instante.

> EL TAROT ES PARA TODOS, TODOS PODEMOS LEERLO Y NADIE PUEDE JACTARSE DE SER UN SÚPER MAESTRO O PORTADOR DE LA VERDAD; SON LA PRÁCTICA Y LA CONFIANZA EN UNO LAS QUE VAN CREANDO UN ENFOQUE Y UNA MANERA GENUINA DE JUGARLO PARA QUE SEA ÚTIL PARA EL MUNDO.

Todas las creencias limitantes —cortar con tal o cual mano, elegir cierta cantidad de cartas, recurrir a rituales específicos o, más descabellado todavía, no dejar tocar las cartas a los consultantes por temor a cargarlas— deben ser disueltas. Hay que poder jugar con el Tarot de forma fluida, de una forma que en definitiva siempre cambia, pues una superstición es un estancamiento de una forma, mientras que fluir con la situación es cambiar constantemente y por eso cada lectura es única e irrepetible.

Leer el Tarot no supone una única forma de hacerlo. El Tarot es tan diverso como las personas que amamos ponernos al servicio de su traducción, aunque nunca habría que olvidar que como traductores es imposible no teñir de nuestros propios colores los relatos y las interpretaciones que proponemos.

Por eso, para devenir lectores conscientes, debemos trabajar constantemente en diversas áreas y no replicar creencias limitantes, anacrónicas, que nada tienen que ver con la persona que está enfrente. Eso es lo bello y lo peligroso, como la vida misma.

Desde mi experiencia, a lo que más le presto la atención cuando leo el Tarot es a las preguntas que traen los consultantes. En ellas, y sobre todo en cómo son formuladas, es donde se esconde la clave de la respuesta, pues soy de la idea de que el mismo consultante sabe inconscientemente lo que ocurre y necesita una suerte de reordenamiento, reafirmación o constatación de que su intuición está indicando algo que resuena, pero necesita verlo para confiar.

Tenemos la responsabilidad de cuidar a las personas que confían en nosotros una parte de su mundo sensible; generalmente, el arquetipo del consultante es el del niño que busca una aprobación, o expresa un no saber o una desconfianza en sí mismo. Es ahí donde tendríamos que devolverle el poder perdido ayudándolo a darse cuenta de que la posibilidad de co-crear su propio universo está en sus manos. Esto no debe tomarse como un camino facilista o inmediatista, al contrario;

por lo general, la vía evolutiva requiere tiempo y las decisiones que tomamos sobre nuestro accionar están llenas de significado y sentido simbólico, pues cada acción tiene consecuencias y mueve campos visibles e invisibles. Accionar en conciencia es más poderoso que accionar bien o mal, ya que el bien y el mal son construcciones morales que varían según cada creencia, pero la consciencia es la única capaz de reflexionar y hacernos sentir parte, al tiempo que somos responsables de casi todo lo que nos acontece.

Leer el Tarot es acompañar desde y con el corazón. Si no somos empáticos y no desarrollamos la capacidad de ponernos en el lugar del otro, no ayudaremos y corremos el riesgo de abusar, controlar, aleccionar y proyectar sobre el otro nuestra sombra no aceptada por nosotros mismos. Trabajar desde el corazón no es sinónimo de involucrarnos en la vida del otro sino de ofrecer el espacio para que el otro lo habite, mientras nosotros tomamos cierta distancia posibilitadora.

Es abrir un espacio de atención plena para que el otro pueda *ser* frente a nosotros, al mismo tiempo que las cartas indican las potencialidades con que nuestro consultante cuenta en ese instante.

La práctica y el nivel de relación e intimidad que día a día vamos creando con las cartas del Tarot consiguen profundidad, humanidad y percepción. Si bien leer el Tarot es una posibilidad humana y no creo que se necesite un don para hacerlo, mientras más practicamos y nos dejamos atravesar nosotros mismos por la herramienta, más fácil será llegar a los rincones más profundos y sagrados del otro. Y uno llega ahí porque el otro percibe que puede confiar, porque el poder de la empatía real es infinito. La empatía es una forma de amor. De hecho, podríamos decir que leer el Tarot es un acto de amor, y si no es un acto de amor, mejor no hacerlo.

QUINTA PARTE

RITUALIDAD & TAROT

RITO, PUESTA EN ESCENA Y ACCIÓN

AL FIN Y AL CABO, SOMOS LO QUE HACEMOS
PARA CAMBIAR LO QUE SOMOS.

EDUARDO GALEANO

Un rito es una acción que nace desde la intención sutil de cada uno de nosotros. Todos podemos realizar ritos, y de hecho los hacemos más veces de lo que pensamos. Sin embargo, volverlos conscientes y creados por nosotros mismos toman aun más fuerza y veracidad. Es por eso que, en esta parte del libro, más que darles recetas preelaboradas o lecturas de Tarot estructuradas, los invito a abrir la imaginación y la creatividad, para que sean ustedes mismos los que resuenen con su propio universo mágico.

Todos y todas hemos sido partícipes de diversos ritos: canciones tradicionales, celebraciones de cumpleaños, rituales de año nuevo, funerales, ceremonias de casamiento, reuniones navideñas, etc. Cada cultura tiene sus ritos y, por más que la ciencia moderna haya mirado peyorativamente los rituales paganos, estos han perdurado, sobre todo en el seno de las familias y en las tradiciones populares.

La magia acontece a través de un ritual en un espacio de tiempo que nos invita a un estado distinto de consciencia, donde los elementos que usamos dejan de ser simples objetos para colmarse de fuerza simbólica, capaces de lograr una incidencia tanto en el campo energético como en el plano de lo concreto.

Nada en un rito debería ser tomado al azar; cada elemento tiene un valor simbólico otorgado por analogía a otra cosa similar o por resonancia. Por ende, la elección de lo que usaremos para realizar el rito es clave: objetos, colores, velas, cartas escritas, cartas de Tarot, determinadas prendas, etc. Me gusta pensar que, antes de realizar un rito, habría que elaborar una especie de puesta en escena de los elementos, pues eso propicia la conformación de un espacio extracotidiano que evidencia el terreno de lo sagrado.

Un rito es acción y, de alguna manera, produce cambios; sin embargo, esta acción no es cualquier acción. Ritualizar es una acción que requiere, ante todo, voluntad. Algo queremos provocar, intencionar, celebrar, agradecer. Esa voluntad responde a nuestro trabajo interno, pues es ese motor lo que mueve la magia. La voluntad es fundamental, ya que expande la fuerza y la propuesta que nace de nosotros mismos. Por ejemplo, si queremos disolver un bloqueo, lo primero es identificarlo y tener la voluntad real de disolverlo; si queremos integrar un tesoro del árbol genealógico, es vital ponerlo en palabras. De este modo la palabra, como primera acción, nos lleva a comprender dónde estará proyectada nuestra voluntad.

Una vez que diseñamos el espacio de trabajo y sus elementos, lo ideal es definir en qué orden realizaremos el acto ritual, para luego dar lugar a la ejecución de esa puesta en escena. Es un acto de verdad, que produce un impacto de resonancia en el mundo cotidiano. Si bien existe un proceso de elaboración previa, el momento de la ejecución se hace transitándolo sin representación, más bien atravesándolo desde nuestra verdad más profunda.

Por eso, cuando elegimos los elementos que queremos utilizar para nuestro ritual, el paso siguiente es preguntarnos cómo lo llevaremos a cabo y qué haremos primero y qué después. Y tomaremos decisiones espaciales, estilísticas y relativas al manejo del tiempo del ritual.

Todos tenemos esa capacidad. Nadie debería ritualizar por nosotros ni alquimizar nuestros objetos, pues crear el pensamiento mágico en nuestra vida no debería ser difícil: solo nos exige un estado de ánimo mágico. Este estado de ánimo mágico es lo más cercano a un actor que va a subir a un escenario, o alguien que va a comunicar algo a mucha gente, y previamente necesita amplificar su campo energético. Es esa disposición total para que algo suceda o empiece a suceder. Es estar en una conexión profunda con eso que se vuelve urgente.

Los ritos populares están anclados a los mitos que forjaron un sistema de creencia. Un mito es una historia que se cuenta o se contó, generalmente desde tiempos inmemoriales y donde se arraiga un saber ancestral. Los ritos son los actos que se accionan en relación con esos mitos. Es a través de los mitos como entendemos el valor simbólico de los planetas, los días de la semana, los nombres, las fechas claves como portales de energía, etc. Igualmente, podemos tener nuestros propios mitos personales o familiares, y existe la posibilidad, por ejemplo, de atribuir a un objeto o un color la representación de algo que para nosotros haga sentido. Si yo les digo que para mí el color rojo representa el amor, tal vez para ustedes no es así, y me parece fundamental que cada uno busque, en su mitología personal, los significados de cada color, de cada objeto según su historicidad. Considero que esto es clave como parte de nuestra toma de poder y de la práctica de la magia evolutiva, poblando los objetos de sentidos nuevos y llenándolos de contenidos. Caso contrario, ocurre el fenómeno de que internet nos diga qué hacer para cada situación e incluso te entregue la supuesta fórmula mágica. Así, vamos perdiendo día a día nuestro potencial de creatividad.

Lo que quiero transmitir es que los ritos no están en libros de magia: están frente a nuestros ojos, viendo, por ejemplo, cómo disponemos los objetos de nuestra casa o por qué ubicamos un objeto junto a otro y qué energía se imanta de ellos, cuáles son las rutinas que repetimos sin tal vez comprender que desprenden energía y sentido simbólico. Muchas veces, sin voluntad consciente, eso va expandiendo influjos, potencias, ritmos, ruidos, emociones, pensamientos, etc., hacia nuestro alrededor. Somos magos y magas, por ende, creadores.

CÓMO CONSTRUIR UN ALTAR PROPIO

El altar es un espacio de poder, donde generalmente podemos ubicar los elementos con los cuales construiremos una red de símbolos. En latín "*altar*" se dice *altus*, que tiene que ver con la idea de elevar la energía o la vibración, así como también conectar con esferas sagradas. Por supuesto, las religiones trabajan con altares, pero nuestros altares no tienen por qué estar precedidos por ningún dogma.

Como en el caso de la mesa de El Mago del Tarot de Marsella, podemos utilizar los elementos que tengamos en ese espacio a la hora de ritualizar, de conectarnos con una energía que necesitemos o de leer el Tarot. No existe una regla fija; lo ideal es que en el altar o espacio de poder estén presentes los cuatro elementos: tierra, aire, fuego y agua, ya sea en estado puro o bien podría haber otros relacionados con ellos, como fotografías, imágenes, juguetes, los cuatro ases del Tarot, etc.

Un altar es un espacio que se renueva en el tiempo, con lo cual debería tener cierto nivel de dinamismo, y no ser algo estático y solemne, como suele pensarse de los altares tradicionales y dogmáticos. Un altar no es el rito en sí (aunque podemos generar ritos en torno a la construcción y transformación del altar): es más bien un espacio de concentración energética.

Los mismos arcanos del Tarot podrían funcionar como elementos para ritualizar. En el capítulo anterior vimos las fuerzas que portan y emanan; por ende, utilizarlos para generar una mayor impregnación de la energía, según lo que queramos trabajar o como amuleto, siempre es una posibilidad.

LA LECTURA DE TAROT COMO RITO

Una lectura de Tarot también es un rito: constituye un acto que necesita otra calidad de atención y energía. No es lo mismo leer el Tarot en un espacio público que en un espacio donde la intimidad contiene la propuesta. Debemos estar dispuestos a que haya movimiento de contenidos inconscientes, y ser conscientes de que nunca sabemos de qué va a tratar la lectura hasta que se está realizando. De alguna manera, el vértigo que sienten las actrices y los actores antes de subir al escenario y de encontrarse con la energía del espectador es el mismo vértigo del momento previo de leer el Tarot. Un salto al mundo del misterio y de la poesía.

Para que exista una puesta en escena del rito o de la lectura del Tarot, es necesario que construyamos un espacio de trabajo sagrado desde los objetos elegidos. Podemos trabajar con piedras, sahumar el espacio, emplear velas, dar reiki al espacio del consultante (si es que lo hay) y elegir dónde ubicaremos las cartas. El espacio de las cartas es clave; por eso se suele usar un paño, para que nuestra atención —como cuando miramos un escenario— haga un enfoque preciso en el juego y sus partes. Algo está sucediendo ahí, dentro del paño, que pasa a simbolizar el campo de trabajo.

Cuando los actores actúan en el teatro, el público está en silencio: es necesario el silencio para que algo se devele. Por eso, cuando vayamos a mezclar las cartas, deberíamos entrar en el profundo silencio para amplificar otras formas de conectarnos. Suelo decir a los consultantes que mezclen sus cartas, se sientan en ellas y respiren con ellas.

En el caso de que no sean tarotistas y no quieran serlo, a esta altura ya deben haberse dado cuenta de que el Tarot no solo es para trabajar con otro; es más, lo ideal es trabajar con uno mismo antes de abrir el juego.

LA CARTA DIARIA

Para empezar a jugar con el Tarot lo ideal es elegir una carta diaria o cada dos o tres días. Sin pregunta en principio, simplemente dejando que el inconsciente y la energía que porta esa carta se hagan presentes. Es muy probable que nuestro intelecto procure tratar de entender qué quiere decir esa carta; en ese caso, pueden ir a la parte del libro donde se explica la energía del arcano o buscar otras referencias, pero en principio les recomiendo que no lo hagan pues las cartas del Tarot, paradójicamente, no significan nada. Las cartas emanan energía y su significado está en movimiento constante. A veces un libro puede dar información clave, pero la verdadera clave está en dejar de intentar comprender los significados como nos los enseñaron y en que podamos ver la carta y sentir qué nos proyecta, qué nos pasa con la carta en ese momento, y sin respondernos podamos dejarla en un lugar para observarla el tiempo que sea necesario. Las primeras autolecturas son así: sin preguntas ni respuestas. Primero tenemos que abrir el campo sensible y aprender el lenguaje del Tarot simplemente abriendo la posibilidad de intimidad, resonancia y sincronía.

También podemos llevar la carta con nosotros. Lo interesante y rico de esta etapa primera es que la información llega sola y en las formas menos imaginadas. Cuando eso empieza a ocurrir, estamos en presencia del fenómeno sincrónico.

Las preguntas que podamos hacernos en el momento de sacar la carta o pasado un tránsito con ella son siempre enriquecedoras, por ejemplo:

¿QUÉ SIENTO CUANDO VEO MI CARTA?
¿CÓMO LA PERCIBO?

¿ME VEO EN ELLA?
¿A QUIÉN VEO EN ELLA?

¿QUÉ PASÓ EN PARTICULAR DURANTE ESTE DÍA O ESTOS DÍAS EN QUE ME ACOMPAÑÓ?

¿QUÉ ENERGÍA EVIDENCIÓ HOY?

¿ME ESTÁ ACONSEJANDO O ME ESTÁ ADVIRTIENDO?

LECTURAS DE TAROT DEL ÁRBOL GENEALÓGICO

Si han leído hasta aquí y han anotado en su cuaderno creativo algunas de sus respuestas, inquietudes y descubrimientos, están preparados para lo siguiente. Se trata de un juego sagrado, que implica más complejidad y remite a las resonancias mencionadas en el capítulo donde se habla del árbol genealógico. Si desean investigar más a fondo con las mismas cartas del Tarot sobre la presencia o la génesis de repeticiones, nudos, tesoros o trampas de su propio árbol genealógico, este es un juego para ustedes.

La propuesta consiste en ir en busca de los contenidos del clan familiar que trabajamos en el libro: identificar los nudos, evidenciar algún tipo de lealtad o repetición, y por último (aunque no menos importante) rescatar, a través de una pesquisa genealógica, algún tesoro presto para nosotros.

Para esto trabajaremos con tres niveles de complejidad y profundidad: el primero, para los que recién están empezando; el segundo, un poco más avanzado —implica que ya estén leyendo el Tarot o tengan cierto bagaje con las cartas—, y el tercero para los que sientan que ya poseen un trabajo avanzado con el lenguaje tarológico. Vayan paso a paso, para no forzar el proceso orgánico de su vínculo con el Tarot. No es necesario que hagan estos juegos si no se sienten preparados ni sienten deseos.

CÓMO IDENTIFICAR UN NUDO O UNA REPETICIÓN EN EL ÁRBOL

Para identificar un nudo o detectar una repetición, nos conectaremos con eso que no se ve pero se siente como espacio anudado, o bien con aquello que se manifiesta en nosotros y creemos que viene de una memoria genealógica.

Le pediremos al Tarot la claridad para ver en qué miembro del clan se esconde un secreto, algo que no fue dicho o quedó olvidado, o que nos muestre amorosamente qué accionar inconsciente estoy replicando.

PARA PRINCIPIANTES (CON 1 CARTA)

Les propongo construir un espacio sagrado para tener una experiencia más enriquecedora.

Mezclar los 22 arcanos mayores del Tarot; luego abrir el mazo boca abajo y elegir 1 carta. Esa carta servirá como una ventana hacia un paisaje amplio. La observaremos y donde vaya nuestra mirada intentaremos encontrar cuál es el elemento que nos llama la atención de la carta y qué posible nudo inconsciente o repetición se esconde en ella. Les propongo en este caso ir a la explicación de la carta en las páginas anteriores e identificar qué aspecto genealógico o qué miembro del clan familiar se puede estar manifestando a través de esa carta.

Nudo / Repetición o Tesoro
Arcano Mayor

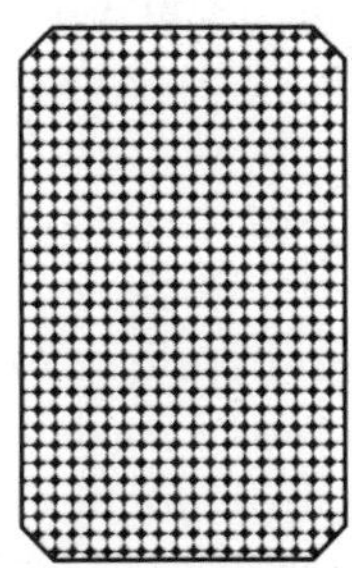

Todas las cartas pueden representar un nudo, una repetición o un tesoro. En el caso de los nudos algunas resultan más evidentes —El Diablo, El Colgado, El Enamorado—, pues en ellas ya de alguna manera se deja ver un entramado sin espacio. Sin embargo, a veces los nudos están mucho más ocultos de lo que parece y es por eso que, más que encontrar una respuesta en el Tarot, es vital que podamos abrirnos a nuevas perspectivas respecto a este tema.

Anoten en el cuaderno las sensaciones para que la investigación continúe en los días siguientes. Recordemos que el Tarot es una herramienta de toma de conciencia y no necesariamente responde con respuestas, sino más bien con nuevas preguntas.

PARA AVANZADOS (CON 3 CARTAS)

Mezclaremos los 22 arcanos mayores conectándonos con la intención que el Tarot nos oriente. Tal vez ya podemos tener una intuición o sensación que nos acerque previamente a lo que es posible encontrar en este momento.

Trabajaremos con 3 cartas: la primera va a representar el nudo o la repetición; la segunda, el momento o el miembro del clan en donde se originó y la tercera, la herramienta que tenemos para desanudar o trascender.

Ubicaremos la carta 1 en el centro, la carta 2 en la izquierda —por ser algo más vinculado con el pasado— y la carta 3, como herramienta de superación, la pondremos a la derecha. Una vez realizada la lectura podremos conservar la tercera carta y llevarla a nuestro altar para trabajar con ella ritualmente y activar su energía aliada en nuestro proceso.

En este caso puedo comprender que El Mago representa un nudo que tiene que ver con algo que pasó en la infancia de alguien y que espeja la propia vulnerabilidad de quien pregunta; puede ser un nudo en relación con la seguridad y la forma de vincularse con la concentración o la manera de trabajar con los elementos concretos del mundo material. El Papa, como contexto o miembro del clan, nos puede hablar de un padre, un abuelo o una figura educadora o formativa. Con esas dos cartas ya comprendo que pudo haber un abuso de poder que debilitó la confianza del niño. La tercera carta es El Mundo y le podría proponer a ese niño que deje de mirar lo acontecido y vaya en busca de su propia realización, entendiendo que en ese mundo están presentes todas las herramientas de la mesa del Mago pero ya elaboradas. El Mundo le propone al Mago desarrollar sus capacidades sin esperar la legitimación de una figura de poder. Seguramente el niño se quedó esperando ese apoyo que nunca estuvo, pero que hoy puede encontrar en sí mismo.

PROPUESTA PARA TAROTISTAS AVANZADOS (CON 15 CARTAS)

Usaremos el esquema donde representamos el cuadro genealógico. Vamos a desplegar el árbol con las cartas del Tarot. No es una lectura sencilla, pero este despliegue posee tantas capas de profundidad que no solo encontraremos lo que buscamos, sino que seguramente nos ayudará a abrir la mirada y la perspectiva de todo un sistema genealógico, al menos hasta los bisabuelos.

Mezclaremos los 22 arcanos mayores conectando con el universo genealógico y todo aquello que me llevó a desear o necesitar preguntar. Elegiremos 15 cartas que pondremos, sin dar vuelta aún, en cada uno de los lugares del esquema del árbol.

La primera carta que elegiremos será para representarnos a nosotros mismos, y nos ubicaremos en la punta superior como en el esquema del árbol que dibujamos.

Luego iremos dando vuelta las cartas de a una, sin apresurarnos a encontrar una respuesta; simplemente se trata de visualizar a nuestros ancestros y las energías que el Tarot hoy nos está manifestando.

Una vez que nuestra sensación e intuición nos lleve a algún sitio del mapa, podré escribir en un cuaderno las emociones que se desprenden al contemplar las cartas.

En esta lectura les propongo que analicen utilizando las parejas arquetípicas del Tarot que vimos antes. Es muy probable que la pareja del arcano elegido para nosotros esté hablando de un vínculo en nudo o repetición; igualmente, detrás de un nudo o una repetición se halla el tesoro escondido. Si por ejemplo están buscando una repetición y la carta de ustedes resultó ser El Colgado, les propongo que puedan ubicar dónde se encuentra El Arcano Sin Nombre; en el caso de que fuera una bisabuela, tal vez exista una información en ella que se puede estar manifestando a través de nosotros.

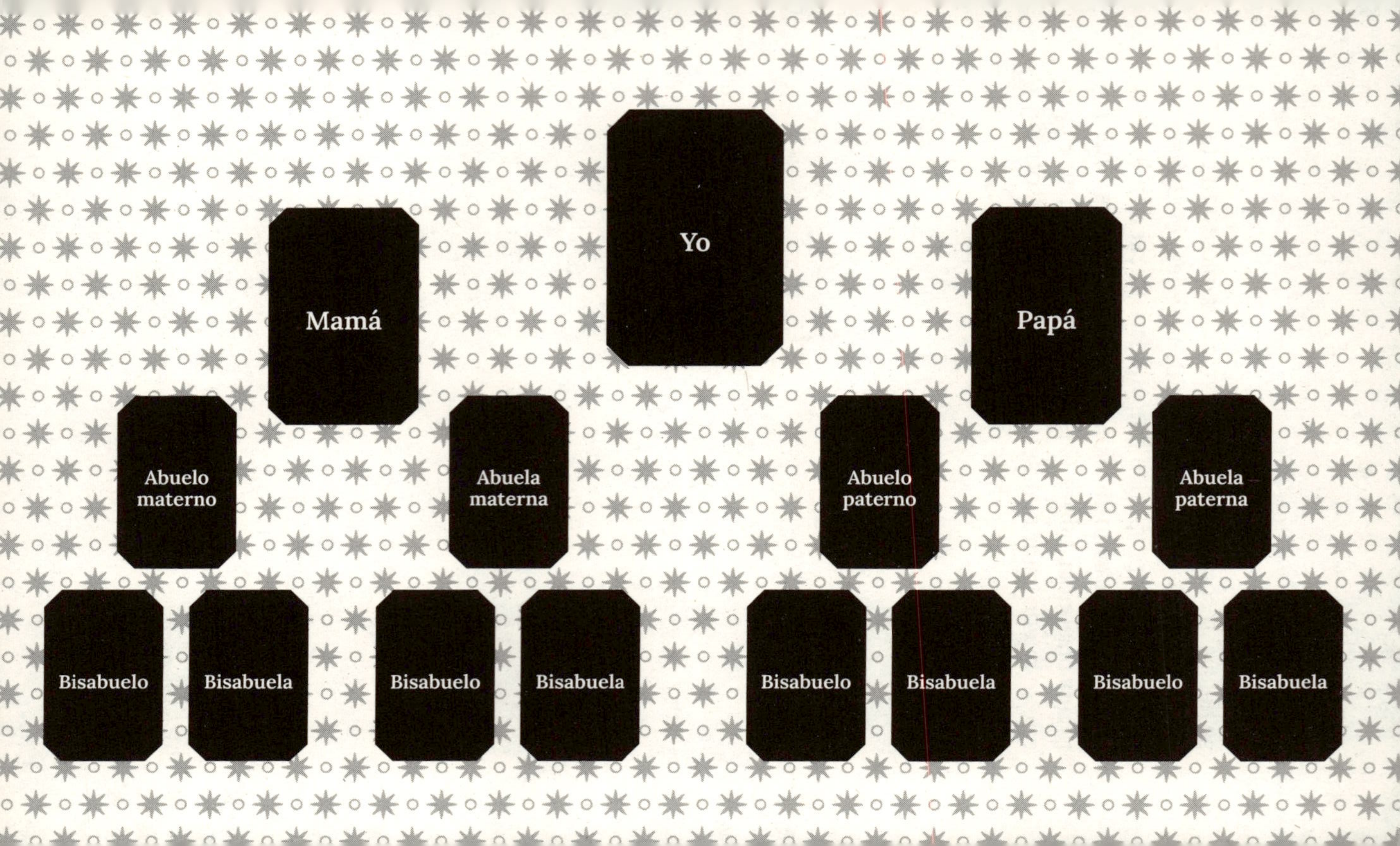
Yo
Mamá
Papá
Abuelo materno
Abuela materna
Abuelo paterno
Abuela paterna
Bisabuelo
Bisabuela
Bisabuelo
Bisabuela
Bisabuelo
Bisabuela
Bisabuelo
Bisabuela

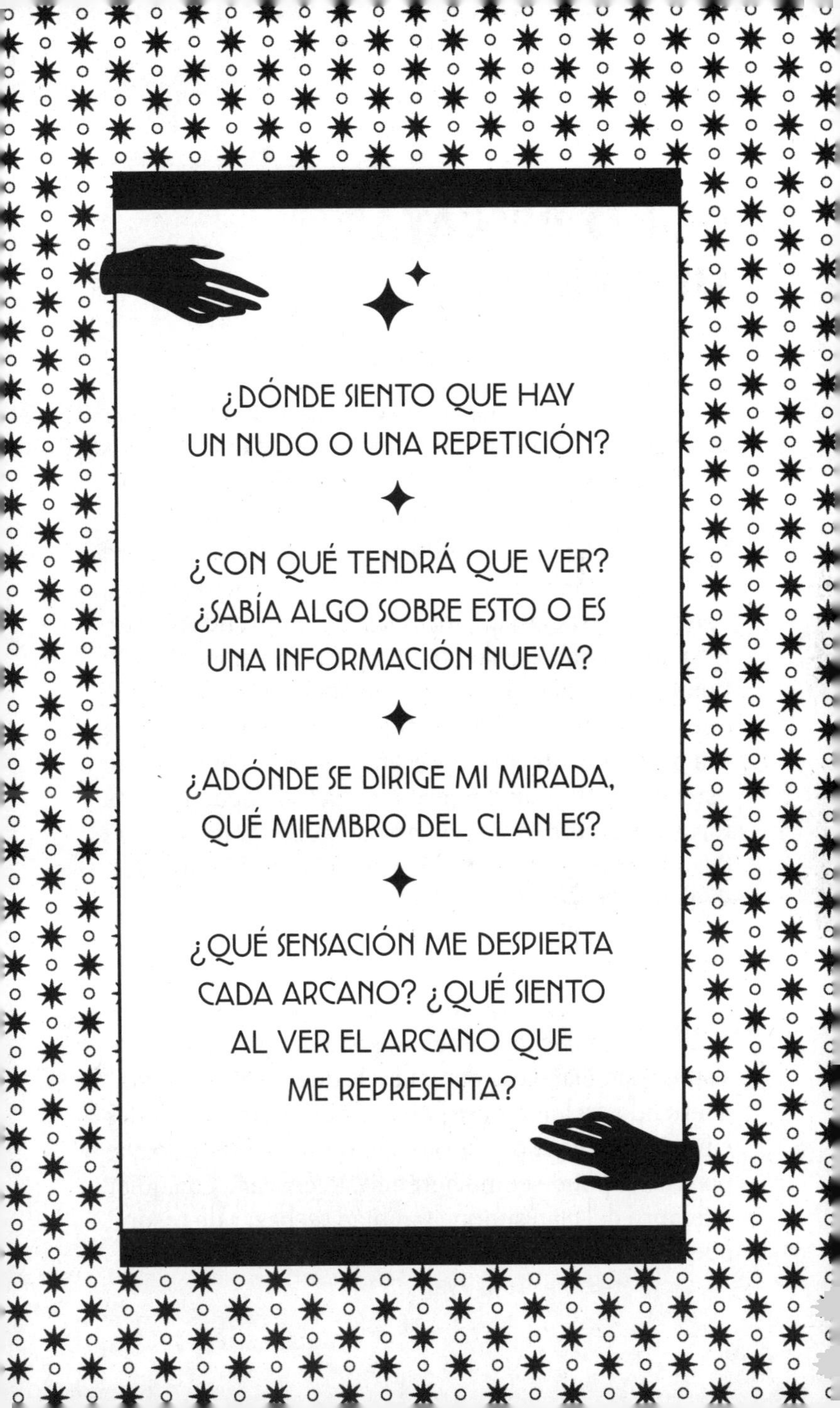
¿DÓNDE SIENTO QUE HAY
UN NUDO O UNA REPETICIÓN?
¿CON QUÉ TENDRÁ QUE VER?
¿SABÍA ALGO SOBRE ESTO O ES
UNA INFORMACIÓN NUEVA?
¿ADÓNDE SE DIRIGE MI MIRADA,
QUÉ MIEMBRO DEL CLAN ES?
¿QUÉ SENSACIÓN ME DESPIERTA
CADA ARCANO? ¿QUÉ SIENTO
AL VER EL ARCANO QUE
ME REPRESENTA?

CÓMO RESCATAR UN TESORO

Si necesitamos reconocer en nosotros un valor, rescatar un tesoro oculto o algo que consideramos que tenemos que fortalecer, podemos hacer un procedimiento similar. En este caso, la idea es buscar más conscientemente (ya mezclamos pidiendo al Tarot que nos muestre en qué parte del clan puedo encontrar, por ejemplo, voluntad de acción, capacidad de emprendimiento, estabilidad emocional, lucidez de algún tipo, vínculo fluido con el dinero, etc.). Luego podremos espejar eso que deseamos integrar en algún miembro del clan, ya sea porque su arcano representa esa energía o porque ustedes sientan que en ese familiar se encuentra esa fortaleza. También en el caso de hacer la lectura del despliegue del árbol pueden trabajar con la analogía de la pareja arquetípica.

Es muy habitual que en los familiares con menos relación afectiva, o incluso en aquellos con los que no teníamos buena relación, se esconda el tesoro. Por alguna razón, necesitamos volver a integrar a nuestro sistema familiar a esa persona a la que podríamos estar queriendo excluir o a esa persona que nos excluyó, pues en esa reivindicación está la clave de hacer propio lo que nos corresponde como herencia. Rechazar a cualquier miembro del clan supone también rechazar un tesoro, que se manifiesta en nuestra vida como carencia.

PROPUESTAS DE ACTOS RITUALES

Ahora bien, ¿qué hacemos cuando, luego de una lectura de Tarot, aparece en nuestra consciencia una nueva certeza o una resonancia? ¿Cómo le damos luz a un nudo? ¿Cómo evitamos que se siga replicando un patrón? ¿O cómo hacemos entender a nuestro inconsciente que nos pertenece el tesoro que descubrimos?

Una lectura de Tarot es un indicador; por eso siempre digo que el Tarot no es una herramienta de sanación, sino más bien una herramienta de toma de consciencia. La toma de conciencia forma parte del proceso de transformación, pues sin ella no hay posibilidad de acción consciente. Sin embargo, lo único que puede generar un cambio real luego de la toma de consciencia es la acción posterior, en concordancia y voluntad con lo que estamos viendo con claridad. El poder del acto es enorme, y recordemos que un ritual es un acto; por ende, genera un antes y un después.

A través de un ritual, algo puede cambiar desde lo sutil hacia lo concreto, por resonancia y a lo largo del tiempo. En mi vida, las transformaciones que pude llevar adelante siempre se dieron de esa forma: primero, tomar conciencia y luego, la acción en concordancia. No conozco otra vía.

Enfocaremos el ritual como una posibilidad de entrar en el plano de la acción, aunque quisiera aclarar que ritualizar no es prender una vela y olvidarme: no, justamente es una acción que tiene un magnetismo hacia todo lo que empezamos a hacer desde el momento en que el rito marca un antes y un después, y ese después no es una inmediatez sino más bien un despliegue paulatino.

Les dejaré algunas ideas que a mí me han servido; sin embargo, se pueden modificar a gusto para generar sus propias resonancias y correspondencias de los objetos. Pueden sumar o restar elementos, o crear plenamente una puesta en escena que va desde los elementos hasta el procedimiento del principio al final.

Los elementos que podemos tener a mano para empezar a experimentar son velas de distintos colores, objetos que nos evoquen los cuatro elementos, cristales, papel, lapicera y, por supuesto, nuestro Tarot.

RITUAL PARA ILUMINAR UN NUDO

Una vez que identificamos en qué parte del árbol se esconde algún secreto, podemos hacer lo siguiente: poner una fotografía o un dibujo de ese ancestro y, con la intención de iluminar su secreto y liberarlo de esa carga, escribirle una carta desde el presente hacia ese pasado, enunciando que desde el hoy lo vemos, sentimos su pesar y le proponemos abrir luz a eso que quedó escondido. Para ello se puede emplear una vela amarilla, o del color que nos represente esa claridad, y ubicar la carta de La Templanza o de La Estrella (o ambas) como cartas de movimiento afectivo, que otorguen amor y luz a ese secreto anudado. También podríamos trabajar con la carta de El Sol. Y se podría escribir una frase como un mantra el número de veces correspondiente al número del arcano a trabajar, por ejemplo:

> "Abuela ... (nombre de la abuela), veo desde estos nuevos ojos el dolor que significó esconder... (tal o cual cosa; también puede ser una emoción). Ya no es necesario que siga en las sombras, pues mis ojos hoy hacen luz".

RITUAL PARA DESACTIVAR UNA REPETICIÓN

Cuando identificamos algo que no nos corresponde encarnar (más si es nocivo), podemos hacer lo siguiente: conseguir una imagen (o dibujo) del miembro del clan que adjudicamos como fuente de ese rasgo y otra fotografía nuestra. Luego, elegir una carta de Tarot que representa eso que se repite para ponerla detrás de la fotografía del ancestro y otra carta que represente la liberación: las cartas de liberación pueden ser El Loco, La Estrella, La Torre, El Sol, La Emperatriz, etc.

Recomiendo trabajar desde el corazón y, desde ese motor afectivo, podemos encender una vela color rosa o violeta transmutadora y escribir una carta expresando que, gracias a él o a ella, ustedes pueden existir hoy. Habría que reconocer en la carta las diferencias luego de agradecer, evidenciar lo que es de ese ancestro y no de ustedes y agradecerle nuevamente. Si lo que se repite es el celo o la posesión, podemos también utilizar algún elemento que lo represente (por ejemplo, un candado):

> "Te agradezco y te honro por ser parte del árbol de la vida; sin embargo, he venido cargando con algo que no me pertenece: ... (escribir aquello que no queremos replicar), te lo devuelvo y decido dejar de replicar esto en nombre del amor y de la vida".

RITUAL PARA FIJAR UN TESORO

Conseguir una fotografía o un dibujo de ese miembro del clan y ponerlo sobre una imagen de nosotros. Entre ambas imágenes ubicar un papel escrito con la palabra de ese tesoro: *fuerza de voluntad*, *resistencia*, *claridad mental*, *emprendedor*, *talento artístico*, etc. Luego, encender una vela del color que representa para vos ese tesoro, junto con una carta de agradecimiento por ese don que estás recibiendo:

> "Te agradezco que me entregues tu fuerza,
> tu tesoro, tu tesón; lo tomo con apertura y amor,
> yo seguiré mi camino con mis propios ojos; sin
> embargo, llevo lo mejor de ti en mí".

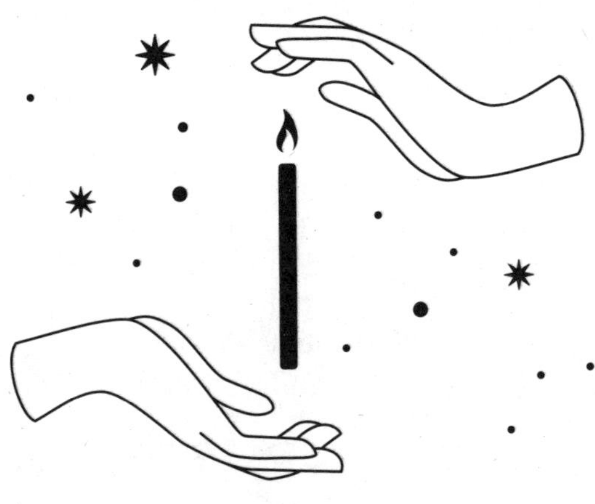

¿QUIÉNES SOMOS VERDADERAMENTE?

SI SUPIERA QUE EL MUNDO SE ACABA MAÑANA,
YO HOY, TODAVÍA, PLANTARÍA UN ÁRBOL.

MARTÍN LUTHER KING

En la actualidad, está muy claro que la respuesta de quiénes somos debería ser una respuesta en movimiento. Estamos siendo y mutando como todo lo que nos rodea, al tiempo que eso que observamos como mundo es el reflejo de nuestra imagen interna. Nada existe fuera de nosotros que no ocupe un espacio en nuestro mundo interior.

La consciencia planetaria y nuestro vínculo con la naturaleza son vitales para entender quiénes estamos siendo y qué hemos hecho con nuestra propia naturaleza sagrada. Hoy, por ejemplo, los animales son tratados como materia prima, alimento o herramienta de investigación de la ciencia para satisfacer los egos y las ambiciones económicas. La explotación de la naturaleza, que no es un recurso, también nos muestra cómo los dogmas han explotado y direccionado nuestra forma de vivir en un bien de consumo. Tanto la naturaleza como la relación con nosotros mismos es nuestra única posibilidad de abrazar la vida.

¿QUÉ TIPO DE CONTACTO CON NOSOTROS MISMOS PODEMOS LLEGAR A TENER SI NO NOS SENTIMOS NATURALEZA, SI NO NOS ENCONTRAMOS A TRAVÉS DE ELLA (DE SUS DETALLES, SUS COLORES, SUS LATIDOS, SUS MARES, SUS MAMÍFEROS, SUS AVES, SUS INSECTOS, SUS MONTAÑAS, SU CIELO, RÍOS, SELVAS, ETCÉTERA)?

La vida es una sola, y se vive o se sobrevive. El ser humano es el resultado de su vínculo con el todo, mientras la vida se organiza como una multiplicidad de conexiones, intensidades y mutaciones constantes. Todo es acontecimiento e intensidad.

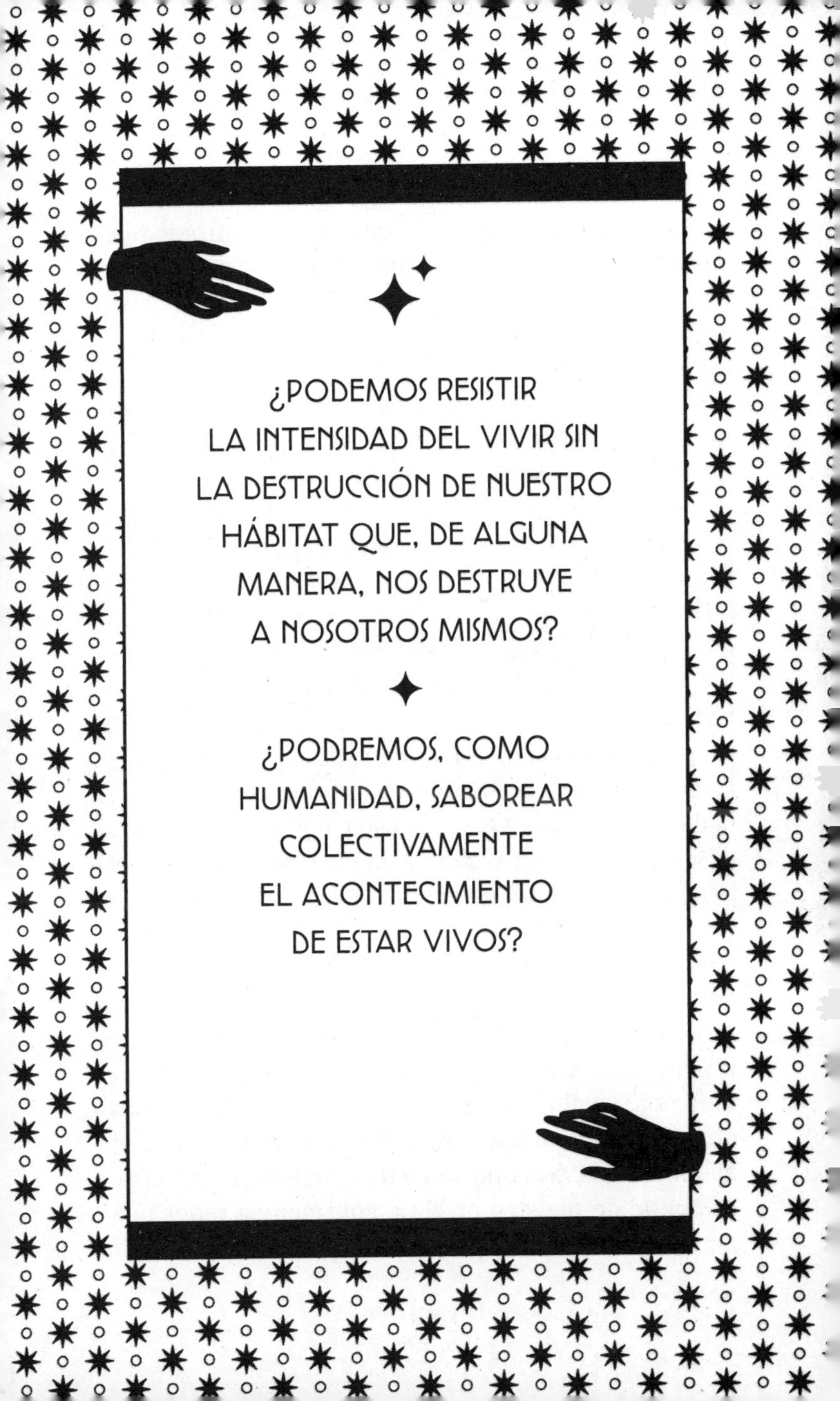
¿PODEMOS RESISTIR
LA INTENSIDAD DEL VIVIR SIN
LA DESTRUCCIÓN DE NUESTRO
HÁBITAT QUE, DE ALGUNA
MANERA, NOS DESTRUYE
A NOSOTROS MISMOS?
¿PODREMOS, COMO
HUMANIDAD, SABOREAR
COLECTIVAMENTE
EL ACONTECIMIENTO
DE ESTAR VIVOS?

El Loco del Tarot remite a lo esencial de uno mismo; es similar al bufón de un rey, que se ríe del propio rey. Carcajea sobre su vida de impostura por creer que su corona le da una identidad segura, pues la corona es su ego, el cual lo absorbe haciéndole olvidar su naturaleza efímera y cíclica.

Este bufón interno nos muestra la realidad sin impostura: en verdad, todo es parte de una comedia, una gran ficción. Nuestros reyes interiores se enfadan, al tiempo que, sin embargo, necesitan de ese vínculo que nos recuerda lo inevitable de la caída del velo y del decorado.

En definitiva, El Loco nos devuelve la noción de que no somos sino que más bien *estamos siendo*, un verbo en movimiento pues nos construimos en la acción. Siempre es posible cambiar nuestras formas de accionar, de concretar y resolver. El flujo de la vida nos permite esto; es una posibilidad que siempre está a nuestro alcance.

Somos lo que hacemos y nuestras acciones dan cuenta de lo que decidimos ser en cada momento. Podemos desde lo íntimo construir realidad, no para aislarnos del contexto y hacer una práctica espiritual desconectada del entorno, sino para llevar adelante una transformación del mundo social, económico, político y ambiental desde la consecuencia.

Hasta hace unos años podíamos negar o ignorar ciertas alarmas ambientales o el nocivo impacto generado por la ambición desmedida que, con sus sistemas de producción descabellados, ponen nuestra vida en el límite de la desconexión y de la pulsión de muerte. Depende de nuestro nivel de consciencia tener una injerencia en este devenir colectivo.

¿ACASO LA VIDA NO ES LO MÁS PRECIADO Y SAGRADO?

SI NO ES LA VIDA, ¿QUÉ ES?

Somos parte de un nuevo momento de la evolución del planeta Tierra; hoy más que nunca podemos, desde la consciencia, volver a organizarnos y no repetir los mismos patrones, las mismas trampas. Por eso lo personal, lo colectivo y lo social no pueden no estar vinculados: son el mismo tejido. Podemos ser las ovejas negras de esta nueva consciencia e impedir que, en nuestra época y en las venideras, se repliquen patrones de destrucción y explotación de nuestro mundo.

Hay muchos desafíos por delante y el Tarot, como herramienta abierta y creativa, nos puede orientar en este viaje, en esta nueva era que está abriendo sus primeros atisbos para volver a poner en contexto las urgencias de lo que va a determinar nuestro mañana. Para eso no dejemos de reflexionar ni de preguntarnos quiénes queremos ser y, en definitiva, seguir siendo, para continuar en la vía de la vida desde la conexión y desde la consciencia.

También nosotros nos convertiremos en antepasados; de nuestros procesos brotarán los continuadores o antagonistas de lo que nuestra consciencia logró alcanzar. Sin embargo, hoy el pedido es urgente: cuidar y sostener el hábitat para que aquellos que vengan puedan continuar el camino a la evolución del humano en Ser esencial.

PALABRAS FINALES

> EL HOMBRE ES DUEÑO DE SU DESTINO
> Y SU DESTINO ES LA TIERRA,
> Y ÉL MISMO LA ESTÁ DESTRUYENDO
> HASTA QUEDARSE SIN DESTINO.
>
> **FRIDA KAHLO**

Casi cerca del final de la experiencia de escribir este libro, no solo he ido cambiando yo sino también el mundo acosado por una pandemia. Esto nos invita casi a la fuerza a rever nuestro mundo interior, y la prueba de ello fue el tiempo que hemos tenido que estar en nuestra casa.

El tiempo cambió; las percepciones de nosotros mismos ya no son las mismas y, en parte, me alegro de que esto sea así: este momento histórico podría ser una gran oportunidad. Hoy el contexto global evidencia cierta urgencia, pero es una urgencia sabrosa, desafiante, como un llamado a la vida, a dejar de darles cuerda a nuestros demonios y obstrucciones para acompañar el contexto evolutivo con convicción y autoría.

Todos somos co-creadores de nuestra realidad; a medida que se abren las puertas de nuestras casas interiores, se abren las vías de acción.

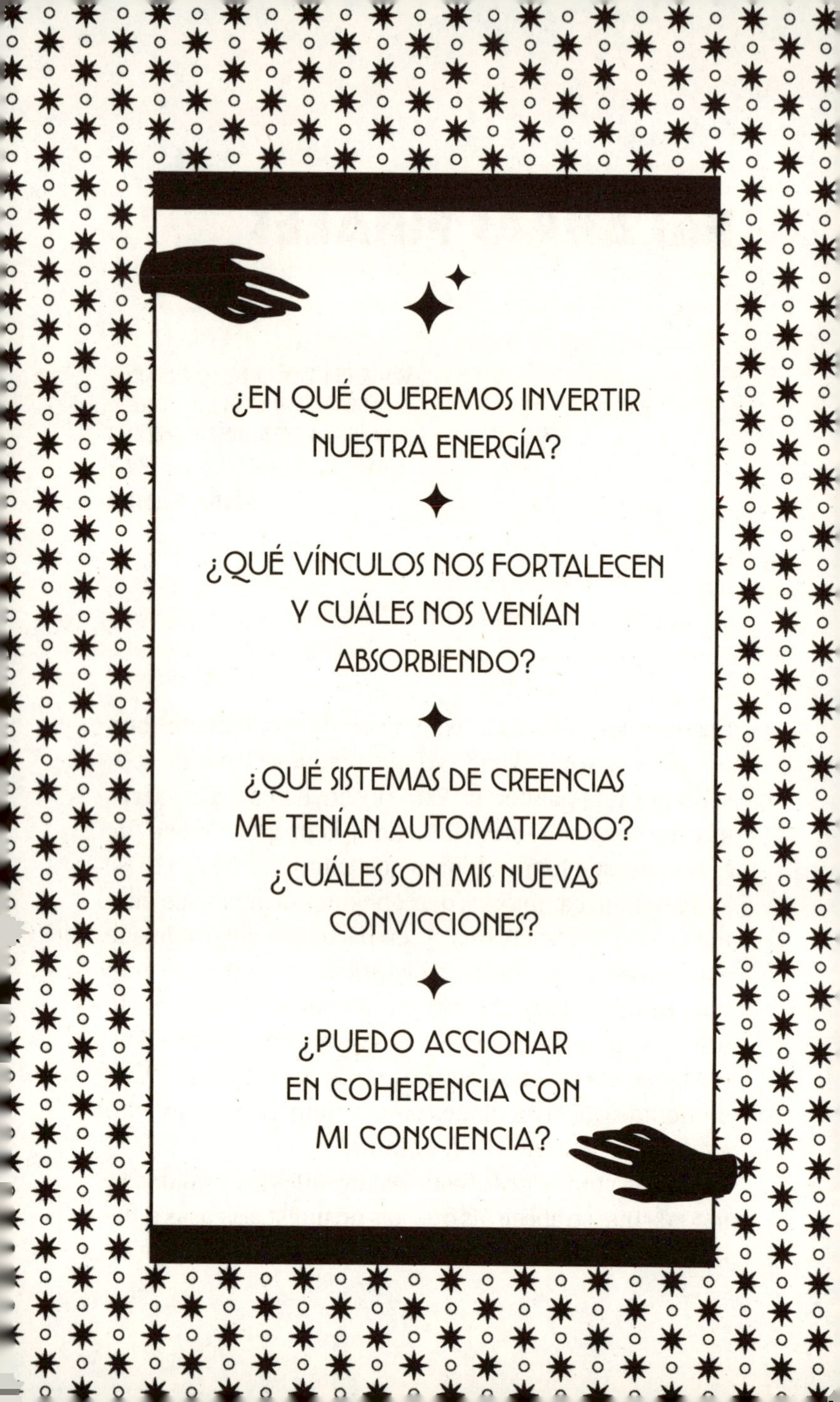
¿EN QUÉ QUEREMOS INVERTIR
NUESTRA ENERGÍA?
¿QUÉ VÍNCULOS NOS FORTALECEN
Y CUÁLES NOS VENÍAN
ABSORBIENDO?
¿QUÉ SISTEMAS DE CREENCIAS
ME TENÍAN AUTOMATIZADO?
¿CUÁLES SON MIS NUEVAS
CONVICCIONES?
¿PUEDO ACCIONAR
EN COHERENCIA CON
MI CONSCIENCIA?

Seguramente los astrólogos hablarán de los tiempos tensionados en el clima astrológico: en nuestro cielo está pasando literalmente de todo. Esa tensión, evidentemente, se espeja en las calles, en los sistemas de concentración de poder y en la pugna para devenir en lo nuevo. Pero hoy también la invitación es a observar y a quitarles fuerza a los engranajes de concentración de poder que ya no fluyen con lo evolutivo. Y no lo digo en términos de politiquería, sino más bien en la observación de cómo esos poderes tomaban espacio y tiempo en nuestra intimidad, en lo que consumíamos, en lo que defendíamos, en lo que omitíamos, etc. Me parece atinado hablar en pasado para referirnos a lo que hasta hace poco se pensaba como lo hegemónico y la única forma posible. Hoy ya no lo es: esa es la oportunidad. Aparecen espacios nuevos para escribir la historia de nuestro clan, de nuestra vida, de la sociedad y de nuestro vínculo con el ecosistema.

Tal vez la llave hoy tiene que ver con lo sustractivo. ¿Qué quiere decir esto? Que en vez de hacer sobre lo que estaba hecho antes, es mejor disolver, pues a veces no es tanto el despliegue lo que construye, sino más bien colaborar para que la esencialidad de todo lo vivo pueda, desde lo más llano y plantado, permitirse ser. Ser, estar y accionar desde ese ser. Las imposturas ya cayeron; seguir accionando desde ellas es tan absurdo como infértil.

Quizás este es un momento que anhelaron nuestros antepasados: cambiar esa vida que tantas generaciones tomaban como inevitable. Su deseo ahora se evoca a través de nosotros; estoy seguro de que, cada vez que nos realizamos, no solo nos trascendemos a nosotros mismos sino que también ellos, que siempre están ahí, celebran junto a nosotros la victoria de la vida.

No son épocas para perder la fe: por el contrario, aunque ya no necesitamos mover montañas, hoy simplemente nos sacamos capas de encima y permitimos que nuestro suelo siga respirando: un trabajo de receptividad profunda. Esta receptividad acciona, se planta, y no tiene nada que ver con la pasividad u omisión que alimentó el patriarcado. La receptividad es reflexión; es tiempo, es escucha y es amor. Solo así recordaremos que no somos individuos, sino humanidad.

Intuyo que, en unos años, vamos a tener que abandonar el concepto de patria para ir hacia la integración de algo más amplio e inclusivo. Intuyo que el pensamiento binario —bueno-malo, derecha-izquierda, blanco-negro, etc.—, si bien se resiste a abandonar su posición, tiene que dar paso al pensamiento múltiple. Intuyo que las ovejas negras de hoy, con su mirada nueva, nos vienen a comunicar qué no están dispuestos a replicar. Observémonos en ellas, y dejemos que las nuevas voces tilden de inaceptables nuestras maneras de conectarnos con la vida y con nuestro planeta.

Ningún árbol genealógico termina en alguien; ningún clan se desvanece ni se olvida por falta de descendencia. Al contrario: la consciencia planetaria, como una gran familia de especies convergentes, de alguna manera composta su contenido para servir de abono a otro. Nada empieza y termina con nosotros: somos mucho más de lo que nos hicieron creer que éramos.

Agradezco a cada lector y a cada lectora por su diálogo íntimo con estas páginas. Deseo desde lo más profundo que sea útil y resuene a nivel sutil en ustedes. Este libro es parte de la manifestación de mi propósito para con el mundo. Y, como cuento al principio, para llegar a desarrollar mis voces (que siguen en proceso de apertura y nitidez), como planta que lucha contra el asfalto, tuve que atravesar el dolor, la incomprensión, la tristeza, la carga de lealtades, la baja autoestima, etc. Pero, cuando me di cuenta de que esos estados obtusos son parte del proceso evolutivo, de alguna manera los resignifiqué. Hoy, al terminar estas páginas, creo que sin esos estados de sombra habría sido imposible atisbar momentos de claridad y libertad real. Honrar a mis demonios también ha sido parte de mi camino evolutivo.

Para concluir, les dejo mi gran deseo: que, como humanidad, nos abramos a la vida y su misterio, salgamos de la victimización y la infantilidad que nos expone como presas ávidas al sistema de estereotipos del consumo. Permitámonos vivir con un sentido más amplio y trascendiendo la mirada individual, para que incluso podamos morir por los que vengan a continuar el camino de la evolución. La genealogía seguirá con su tendencia a repetir y develar nuevos nudos. Sin embargo, cada cosa sale a la luz en el momento que corresponde: esto no termina aquí...

AGRADECIMIENTOS

Un agradecimiento infinito para
Magalí Etchebarne, editora y mujer sensible.
Sin su mirada y su acompañamiento, este primer
libro no habría sido posible.

A Victoria Regner, por sus ilustraciones del Tarot
genealógico y su complicidad
a la distancia.

A María Martha Arce, por sus correcciones.

A Pablo Hernán y a Julián Marcelo, hombres
de amor que estuvieron en el día a día.

A Magalí Tajes y Ailu Partesano, por su amistad
y apoyo en el proceso.

Y a mis estudiantes, por su cariño y
por su amor al Tarot, que constantemente
me inspiran y motivan a seguir en movimiento.

• • •

CUADERNO CREATIVO

Esta obra se terminó de imprimir
en el mes de diciembre de 2024,
en los talleres de Impresora Tauro, S.A. de C.V.
Ciudad de México.